Camarades

jaune 4

JAH/04/00

Gwen Berwick

**Assessment section by
Caroline Woods and
Steven Crossland**

Camarades jaune 4

Student's Book
Teacher's Resource File
Teacher's Book
Cassettes (7)

Design: Pentacor plc, High Wycombe, Bucks
Illustrations: Brian Aldred, Phil Bannister, Bruce Bignold, Liam Bonney, Nick Diggory, Joanna Kerr, Keith Smith, John Taylor, Shaun Williams

The authors and publishers would like to thank the following people, without whose support we could not have created
Camarades 4 Jaune:
Pam Haezewindt, for writing the IT section
Laure Sirvin and Florence Bonneau for native speaker consultation
Niobe O'Connor, Martine Pillette, Annie Singer, Caroline Woods and Sydney Thorne for detailed advice throughout the writing
David Forth for advice on the assessment sections
Mark Wightwick for taking the photographs for the photo story
Kathryn Tate for editing the book.

The authors and publishers also acknowledge the following for permission to use photographs and published texts:
Cover photo: The Image Bank
Bridgeman Art Library (Van Gogh's bedroom, page 9)
Keith Gibson (2 teenagers, page 21; boy, page 43; bus tickets, page 73; boy and girl, page 159)
Rex Features (Tom Cruise and Gérard Depardieu, page 25)
J. Allan Cash (ski resorts, pages 28 and 30; botanical gardens, page 68; Le Cap d'Agde and Le Pont du Gard, page 116; Canet-Plage, page 130; beach scene, page 132; motorway, page 145; nurse and lorry driver, page 164; tourist office, page 172, pollution, page 185)
Belgian Tourist Office (mini-Europe, Autoworld, Musée de la Bande Dessinée, page 68)
Graham Bishop (tabac, banque, bureau de change and poste signs, page 76)
BFI Stills, Posters and Designs [film copyright United Artists] (poster of fim, page 91)
Lorraine Sennett (pain au chocolat, page 102)
Air France (aeroplanes, page 150)
Barnaby's Picture Library (girl at supermarket check-out, page 164)
Ace Photo Agency (hairdresser, page 164)
Editions Gallimard (Jacques Prévert poem, page 111)
Okapi (text and photos: Que manger pour mon petit déjeuner?, page 102-3; Inventeur des Jeux-vidéo, page 161; Cher frère blanc, page 169; Alerte à la pollution, page 185)
OK Podium (text and photos: identity cards of Bla Bla Posse members, page 167), Bayard Press (*Trucastuces* from *Astrapi*, p. 154)

Recorded at Speech Plus Recording, London by Tony Beck, Olivier Deslandes, Catherine Graham, Laurent Marceau, Blandine Martin and Vanessa Seydoux; produced by Graham Williams.

Thanks also to the following for their help with the photo story: staff and students of Lycée Baudelaire, Roubaix, France, in particular Nathalie Benkenoun, Rachid Dahmani, Henri Blary, Hélène Buissart, Aurélien Knoff; the Gilliers family; Barbara Watkins; the staff at Bellewaerde Theme Park and Tournai Youth Hotel in Belgium; many citizens of Roubaix, Tourcoing, Croix and Wasquehal, France.

© Partnership for Language Materials Development (Sydney Thorne/Gwen Berwick) 1996
Assessment material © Steven Crossland and Caroline Woods 1996
First published by Mary Glasgow Publications 1996

ISBN 0 7487 2355 2

00 / 10 9 8 7 6 5

Mary Glasgow Publications
An imprint of Stanley Thornes (Publishers) Ltd.
Ellenborough House
Wellington Street
Cheltenham
GL50 1YW

Printed and bound in Italy by G. Canale & C. S.p.A., Borgaro T.se, Turin

Table des Matières

Introduction   2

Unité 1:   Chez moi et au lycée   6

Unité 2:   Une semaine dans les Alpes   28

Unité 3:   L'anniversaire d'Henri   46

Unité 4:   Trois jours à Bruxelles   64

Unité 5:   L'invité modèle   82

Unité 6:   Nathalie at Lucien   96

Unité 7:   Des vacances désastreuses   114

Unité 8:   Bonne route!   136

Unité 9:   L'école et après   154

Unité 10:   La France et l'Europe   176

Epreuve finale   190

Grammaire   206

Vocabulaire   215

Salut, les camarades!

Camarades will help prepare you to do the best you can in the exam!

- You will learn and practise key words and phrases for different topics. These are listed in the **Phrases-clés** boxes in the units.

- Throughout the book, you will practise listening to ▦ and reading 📰 French. You will also have plenty of practice in speaking 💬 and writing ✍ in French.

- In the **Stratégies** boxes, you will also find hints and tips on how to improve your skills and do well in the exam. These boxes will also help you to use a French-English dictionary.

- Some activities are at two levels:
  - ◆ activities are easier
  - ♣ activities are more difficult.

  You may find that one level suits you best, but you don't have to stick to the same level for every activity. Just try your best!

- If you don't understand a question or instruction, check the list on page 44.

* **Camarades** will help you
* your **teacher** will help you
* but it's also up to **you** to work hard and do your best!

+   +   **toi!**   =   **succès**

Allez! Bon travail!

Gwen Berwick

La France et le français

l' Irlande du nord

les Pays-Bas

la Grande Bretagne

la Belgique

l' Allemagne

la Manche

le Luxembourg

Paris

l' Atlantique

la France

la Suisse

l' Italie

le Portugal

l' Espagne

la Méditerranée

- En Belgique, environ 45% de la population parle français.

- En Suisse, environ 30% de la population parle français.

- Au Luxembourg, tout le monde parle français et allemand.

- Et on parle français en France, bien sûr!

Introduction: la rentrée

nom	Buissart
prénom	Hélène
âge	15 ans
adresse	28, rue Belliard
famille	une sœur, un frère
aime	danser, écouter des CD
déteste	les westerns

nom	Chardon
prénom	Nathalie
âge	17 ans
adresse	16, place de la République
famille	fille unique
aime	les animaux, la musique
déteste	la violence, la pollution

nom	Blary
prénom	Henri
âge	17 ans
adresse	72, avenue Foch
famille	deux sœurs
aime	le football, le football et le football
déteste	l'école

nom	Dahmani
prénom	Rachid
âge	17 ans
adresse	32, rue Pasquin
famille	un frère, une sœur
aime	la musique, le cinéma
déteste	l'hypocrisie

 1 Lis les cartes d'identité

Tu ressembles le plus à Hélène, à Nathalie, à Henri ou à Rachid?

«*Je ressemble le plus à...*»

2 ◆Ecoute les quatre conversations. C'est qui: Hélène, Nathalie, Henri ou Rachid?

♣ ◆+ Note d'autres détails.

Exemple: **1** aime: le volleyball

UNITE 1 Chez moi et au lycée

A Tu habites près d'ici?

1 Lis et écoute la conversation. C'est vrai ou faux?
1 Rachid habite près de l'école.
2 Hélène aime habiter loin du centre-ville.

2 a Regarde le plan. Que représentent les lettres?
Exemple: **a** le supermarché Carrefour

le centre-ville
le parc
l'école
le supermarché Carrefour
l'hôtel de ville
la piscine
la station-service Elf
les magasins

b Ecoute la cassette et vérifie tes réponses.

Phrases-clés			
Tu habites près d'ici? Ça s'écrit comment?		J'habite rue Pasquin. Ça s'écrit PASQUIN.	
j'habite c'est	(très) (assez)	près loin	du centre-ville du parc du supermarché Carrefour de l'école de l'hôtel de ville de la station-service Elf de la piscine des magasins

3 Six amis de Rachid disent où ils habitent.

a Recopie ces phrases.

b Regarde le plan de la page 6. A la fin de chaque phrase écris le prénom de la personne qui parle.

Exemple: J'habite près de l'école, mais assez loin du centre-ville. Henri

J'habite près de l'école, mais assez loin du centre-ville.

J'habite près du supermarché et assez près de l'hôtel de ville.

J'habite assez loin de l'école, mais près du parc.

J'habite très près des magasins, et assez près de l'école.

J'habite très près de la piscine.

J'habite près des magasins, près de la station-service Elf.

4 Tu connais l'alphabet en français?

a Ecoute et répète l'alphabet.

b Ecoute une autre fois.

Il y a cinq omissions. Note les lettres.

a b c d e f g h
i j k l m n o p q r
s t u v w x y z

5 Ecoute la cassette. Ça s'écrit comment?

◆ C'est quelle rue, A ou B?

♣ Ferme ce livre et écris le nom des rues.

◆	**A**	**B**
1	Marcelon	Marsoulan
2	Chivrot	Chevreau
3	Jouvien	Gouvian

6 **A toi !**

a Joue ce dialogue avec ton/ta partenaire.

b Adapte le dialogue à ta situation.

A — Tu habites où?

J'habite *Claremont Street*. — B

A — Ça s'écrit comment?

Ça s'écrit CLAREMONT. — B

A — C'est où?

C'est *près de l'école*. — B

B Ma chambre

C'est bien chez toi, Rachid?

Et toi?

Moi, j'habite un foyer pour jeunes. C'est vraiment bien. J'ai ma propre chambre. J'ai une télévision, mais je n'ai pas d'ordinateur.

Ben, oui. Je partage ma chambre avec mon frère, mais ça va. J'ai un ordinateur dans ma chambre.

Mais je dois quitter le foyer. Je vais habiter chez ma grand-mère. Et elle est horrible!

Ecoute, Nathalie, ça va aller. Viens chez moi ce soir. On peut parler de ton problème.

1 Ecoute (a) Nathalie et (b) Rachid. Regarde les images. Qu'est-ce qu'ils ont dans leur chambre? Ecoute l'exemple:
Exemple: a, g

Stratégie

Attention aux détails! Rappelle-toi:
J'ai = I've got
Je n'ai pas = I **haven't** got

a un lit
b une armoire
c des posters
d un ordinateur
e une chaîne hi-fi
f une chaise
g une télévision
h une table

2 Pose des questions à ton/ta partenaire.
Exemples:

A — Tu as une télévision?

Oui, j'ai une télévision. — B

ou

Non, je n'ai pas de télévision. — B

Phrases-clés				
j'ai	un lit	un ordinateur	des posters	une chaîne hi-fi
	une table	une chaise	une télévision	une armoire
je n'ai pas	de lit	d'ordinateur	de posters	de chaîne hi-fi
	de table	de chaise	de télévision	d'armoire

J'ai ma propre chambre.

Je partage ma chambre avec mon frère/avec ma sœur.

3 **a** Ecoute les amis de Rachid.

◆ Est-ce qu'ils partagent leur chambre? *Exemple:* **1** ✔

♣◆+ Avec qui?   *Exemple:* **1** ✔ frère

b Demande à ton/ta partenaire: Tu partages ta chambre?

LA CHAMBRE DE VINCENT, ARLES, 1889

VOICI LA CHAMBRE DE L'ARTISTE VINCENT VAN GOGH.

4 Il y a trois erreurs dans cette 'lettre' de Vincent van Gogh. Recopie la lettre et corrige les erreurs.

5 *A toi !*

Fais la description de ta chambre.

J'ai ma propre chambre.
J'ai un lit et trois chaises.
J'ai une télévision. Je n'ai pas d'armoire, mais j'ai deux tables.

C Tu aides à la maison?

Les tâches ménagères

1 **a** Regarde le graphique. A ton avis, quel pourcentage (%) correspond à quelle tâche? Ecris tes prédictions.

Exemple: Je fais mon lit. 58%

On a posé la question "Qu'est-ce que vous faites pour aider chez vous?" à 50 jeunes. Voici les résultats du sondage.

18% 27% 39% 46% 58% 64% 80%

Phrases-clés	
je fais	mon lit
	les courses
	la vaisselle
je mets	la table
je débarrasse	
je passe	l'aspirateur
je range	ma chambre

b Ecoute les résultats à la radio. Vérifie tes réponses.

Stratégie

Prépare-toi à écouter. Pense aux numéros.
Exemple: 18% = dix-huit pour cent

2 Tu aides à la maison?

a Pose des questions à ton/ta partenaire.
Exemples:

A — Tu fais ton lit?

Oui, souvent. — B

A — Tu ranges ta chambre?

Oui, parfois. — B

A — Tu mets la table?

Non, jamais. — B

100% — toujours

— souvent

— parfois

0% — jamais

Phrases-clés		
Tu aides à la maison?		
Oui		toujours
		souvent
		parfois
Non		jamais

Note les points: souvent = 2 points, parfois = 1 point, jamais = 0 points.

b Totalise les points. Qui aide le plus, toi ou ton/ta partenaire?

3 «*Les filles aident beaucoup à la maison, mais pas les garçons.*» C'est vrai ou faux?
Ecoute les conversations et remplis une grille.
Exemple:

Janine							
Camille							
Marie-Laure							
Mathieu							
Bruno							
Loïc							

a Ils font les tâches?

◆ ✔ = oui ✗ = non

♣ Ecris dans la bonne case:
souvent, jamais, parfois, toujours.

b Fais des phrases:

Les filles	n'aident jamais	
Les garçons	aident souvent	à la maison
	n'aident pas souvent	

4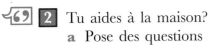

Lis cet extrait d'une lettre de ton
correspondant français.
Réponds à sa question.
◆ Ecris ce que tu fais pour aider.
♣ Ecris ce que tu fais et ce que
tu ne fais pas.

> ♣
> Je **ne** fais **pas** mon lit.
> Je **ne** mets **jamais** la table.

J'habite avec mon père. Je
fais mon lit, mais je ne
range pas ma chambre.
Parfois, je fais les courses.
Mon père fait la cuisine. Moi,
je mets la table, mais je ne
fais pas la vaisselle. Et je
ne passe jamais l'aspirateur.
Je déteste ça!

Et toi, qu'est-ce que tu fais
pour aider à la maison?

D L'intérieur des maisons

L'histoire de la maison...

A   En 1900...

Il y a des photos en noir et blanc.

Il y a un piano, mais il n'y a pas de chaîne hi-fi.

Il y a une cuisinière à gaz.

Il n'y a pas de salle de bains.

Il y a un fauteuil et un canapé.

1 Ecoute les descriptions. On parle de quelle maison, A ou B?

2 **Test de mémoire** Travaillez à deux. Ne regardez pas les images. Lisez les phrases. C'est l'image A, B ou A et B?

1 Il y a une cuisinière électrique.
2 Il n'y a pas de frigo.
3 Il y a un fauteuil.
4 Il n'y a pas de salle de bains.
5 Il y a une machine à laver.
6 Il y a un canapé.

B En 1950...

Il y a une cuisinière électrique.

Il y a une télévision, mais il n'y a pas de magnétoscope.

Il y a un frigo, mais il n'y a pas de congélateur.

Il y a un fauteuil et un canapé.

Il n'y a pas de four à micro-ondes.

Il y a une machine à laver.

Phrases-clés			
il y a...	un frigo un magnétoscope un canapé un fauteuil une cuisinière à gaz une cuisinière électrique		
	♣ un four à micro-ondes un congélateur une machine à laver		
il n'y a pas...	de frigo de magnétoscope de canapé de...		

3 A toi !

Qu'est-ce qu'il y a chez toi?

◆ *Exemple:* Chez moi, il y a...

♣ *Exemple:* Chez moi, il y a...   Dans la cuisine, il y a...   Il n'y a pas de...

4 A toi !

Imagine une maison de l'année 2050.

• Pour t'aider, écoute la description de Rachid.

• Ecris ta description.

E Voilà la maison

Nous sommes samedi après-midi. Nathalie est chez Rachid...

Regarde, Nathalie. Ça, c'est le salon.

En bas...

Salut Nathalie. Voici ma mère.

Bonjour, Madame.

C'est génial!

Et ça, c'est ta chambre, Rachid?

Rachid et Nathalie vont en haut.

Et voilà ma chambre. Je partage avec mon frère.

C'est génial.

Non c'est moche. C'est la chambre de mes parents.

Quel désordre!

Moi j'aime bien.

1 **a** Lis et écoute le dialogue.

b Travaillez à deux. Discutez du plan de la maison de Rachid.
Exemple:

A — Le salon est en bas.

B — La cuisine est en haut.

B — Oui.

Non. La cuisine est en bas. — A

Phrases-clés		
voilà ça, c'est	le salon la salle à manger ma chambre la chambre de mes parents	la salle de bains la cuisine les toilettes
Ma chambre est en haut/en bas.		

2 Ecoute. Nathalie décrit la maison de sa grand-mère.
Tu entends les pièces dans quel ordre?

◆ Ecris les lettres du plan.　　　*Exemple:* **1** a

♣ ◆ + Dessine ▲ pour «en haut»
　　　　ou ▼ pour «en bas»　　*Exemple:* **1** ▼ a

Phrases-clés

C'est moche!   C'est super!   C'est affreux!   Moi j'aime bien.   C'est génial!

---

3 Ecoute la cassette. Tu entends des réactions.
Fais deux listes dans ton cahier. Ecris les réactions dans la bonne liste.

Exemple:

Réaction=j'aime	je n'aime pas
C'est super	

4 Travaillez à deux. Regardez le plan de la maison de Rachid. Jouez Rachid et Nathalie.

Rachid

Voilà ma chambre.

Oh, c'est génial.

Nathalie

La maison de Rachid

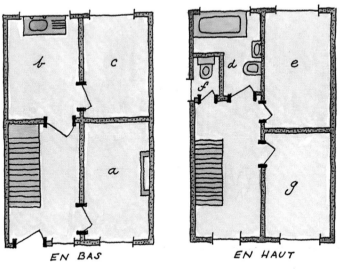

EN BAS   EN HAUT

en bas	**en haut**
a le salon	**d** la salle de bains
b la cuisine	**e** la chambre de
c la salle à	mes parents
manger	**f** les toilettes
	g ma chambre

5 **a** Dessine un plan de ta
maison/ton appartement.
b Explique ton plan à ton/ta
partenaire.
Exemple: Voilà la chambre de
mes parents.

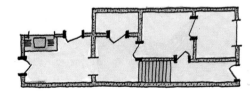

c Ecris les noms des pièces sur le
plan.

6 *A toi!*

Ecris une lettre. Décris ta
maison/ton appartement.
Exemple:

ma chambre est en haut. Je partage
avec mon frère. C'est super. En
bas, il y a le salon et la cuisine

F Les matières scolaires

Nous sommes lundi. Au lycée...

Je déteste l'histoire-géo! C'est difficile! Et je déteste l'école!

Mais, Nathalie! Tu es forte en français. Tu aimes les maths. Et tu as beaucoup de copines...

Laisse-moi, Rachid! Tu ne comprends pas!

1 **Coin jeux**

a C'est quelle matière?
Ecris les mots correctement.

les thsma   la olobigie

l'nsaglai   le isnçfraa

l'iretohisogé   la quesiphy

l'onatéduci iqysphue   la hicime

b Regarde les images. Peux-tu
identifier les matières de l'exercice **a**?
Note les lettres.
Exemple: les maths B

2 Ecoute les trois mini-interviews.
On fait quelles matières?
Note les lettres des images qui correspondent.
Exemple: **1** G,   ...

3 Pour chaque remarque, dessine un symbole: ☺ ou ☹

1 C'est ennuyeux!
2 C'est facile!
3 C'est intéressant!
4 C'est bien!
5 C'est difficile!
6 C'est nul!

4 Ces phrases sont illogiques! Change-les.

* J'aime la géographie parce que c'est ennuyeux.
* Je déteste les maths parce que c'est facile.
* Je n'aime pas le français parce que c'est intéressant.
* J'adore l'éducation physique parce que c'est difficile.

5 Ton/ta partenaire aime quelles matières? Pose-lui des questions.

Exemples:

A

Tu aimes l'anglais?

B ◆ Oui, j'aime l'anglais. C'est facile.

♣ Oui, j'aime l'anglais, parce que c'est facile.

Phrases-clés		
j'aime	la biologie la physique	c'est facile c'est bien
j'adore	l'anglais l'histoire la géographie	c'est intéressant
je n'aime pas	la chimie le français	c'est difficile c'est nul
je déteste	l'éducation physique les maths	c'est ennuyeux
Tu fais quelles matières?	Je fais maths, anglais...	Je suis fort(e) en français.

«*Les garçons préfèrent les maths et les sciences. Les filles préfèrent les langues.*»

● C'est vrai ou faux? Fais ta prédiction.

● Ensuite, fais les exercices 6 et 7, pour trouver la réponse!

6 Ecoute des interviews sur la cassette.
Remplis une grille.

Exemple:

Tu aimes... ?	OUI		NON	
	👤	👤	👤	👤
les maths	||			|||
le français				

7 Fais un sondage dans la classe.

a Emploie une grille comme dans l'exercice 6.
Pose des questions à tes camarades.

Tu aimes le français?   Pourquoi?

b Totalise les réponses.

c Quel est le résultat? «*Les garçons préfèrent les maths et les sciences. Les filles préfèrent les langues.*»   C'est vrai ou faux?

8 *A toi !*   Réponds à cette lettre de ton correspondant, Luc.

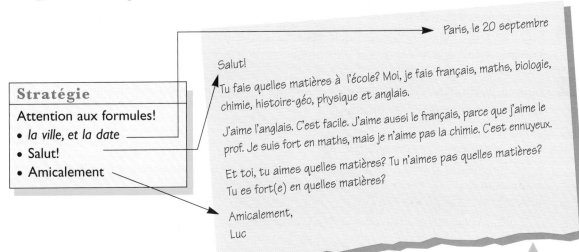

Stratégie
Attention aux formules!
● *la ville, et la date*
● Salut!
● Amicalement

Paris, le 20 septembre

Salut!

Tu fais quelles matières à l'école? Moi, je fais français, maths, biologie, chimie, histoire-géo, physique et anglais.

J'aime l'anglais. C'est facile. J'aime aussi le français, parce que j'aime le prof. Je suis fort en maths, mais je n'aime pas la chimie. C'est ennuyeux.

Et toi, tu aimes quelles matières? Tu n'aimes pas quelles matières? Tu es fort(e) en quelles matières?

Amicalement,
Luc

G A l'école

Voici l'emploi du temps de Rachid.

EMPLOI DU TEMPS			
	lundi	**mardi**	**mercredi**
8 h - 9 h	français		maths
9 h - 10 h	histoire-géo	musique	français
10 h - 10 h 15	Récréation		
10 h 15 - 11 h 15	maths	éducation physique	histoire-géo
11 h 15 - 12 h 15	biologie	éducation physique	biologie
12 h 15 - 14 h	Pause-déjeuner		
14 h - 15 h	physique	français	
15 h - 16 h	anglais	chimie	
16 h - 17 h	chimie	anglais	

 1 Regarde l'emploi du temps. Est-ce que ces phrases sont vraies ou fausses?
  ◆ Note: **vrai** ou **faux**.
  ♣ ◆ + Corrige les phrases fausses.

  1 Le mardi, on commence à huit heures.
  2 Le lundi, on finit à cinq heures.
  3 La récréation dure quinze minutes.
  4 Le mardi, on finit à midi et quart.
  5 Le mercredi, on a quatre heures de cours.
  6 La pause-déjeuner commence à midi et quart.
  7 Le lundi, on a six heures de cours.

 2 Fais des phrases pour décrire l'emploi du temps dans ton école.
  Exemple: Dans notre école, on commence à neuf heures moins dix.

3 Ecoute la cassette. Stefan, le correspondant de Rachid, habite à Berlin.
  Recopie et complète ces phrases:

  1 En Allemagne, on commence à...
  2 La récréation dure...
  3 On finit à...

Phrases-clés				
on commence on finit	à neuf heures à quatre heures	la récréation un cours la pause-déjeuner	dure	vingt minutes cinquante minutes une heure

Mon école s'appelle le Lycée Bourget
mon école est   grande   petite   vieille   moderne

 4 Tu reçois ces messages par courrier électronique.

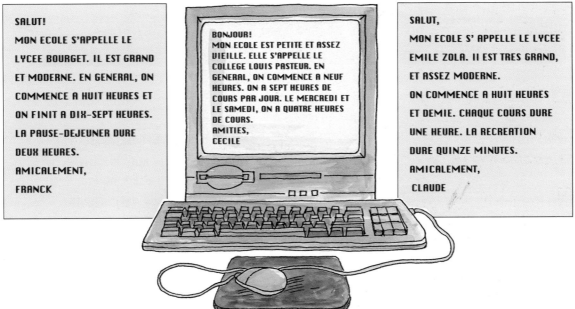

SALUT!

MON ECOLE S'APPELLE LE LYCEE BOURGET. IL EST GRAND ET MODERNE. EN GENERAL, ON COMMENCE A HUIT HEURES ET ON FINIT A DIX-SEPT HEURES. LA PAUSE-DEJEUNER DURE DEUX HEURES.

AMICALEMENT,

FRANCK

BONJOUR!
MON ECOLE EST PETITE ET ASSEZ VIEILLE. ELLE S'APPELLE LE COLLEGE LOUIS PASTEUR. EN GENERAL, ON COMMENCE A NEUF HEURES. ON A SEPT HEURES DE COURS PAR JOUR. LE MERCREDI ET LE SAMEDI, ON A QUATRE HEURES DE COURS.
AMITIES,
CECILE

SALUT,

MON ECOLE S' APPELLE LE LYCEE EMILE ZOLA. Il EST TRES GRAND, ET ASSEZ MODERNE.

ON COMMENCE A HUIT HEURES ET DEMIE. CHAQUE COURS DURE UNE HEURE. LA RECREATION DURE QUINZE MINUTES.

AMICALEMENT,

CLAUDE

C'est qui?
1 Qui va à l'école le week-end?
2 Qui commence le plus tôt?
3 Qui va à l'école la plus grande?

> le plus tôt – the earliest
> la plus grande – the biggest

C'est l'école de qui?
4 15 minutes pour la récréation? C'est nul!
5 2 heures pour le déjeuner? C'est bien, ça!
6 On commence à 8h? Quelle horreur!

5 *A toi!*

Tu présentes ton école à un visiteur français.
a Ecoute l'exemple sur la cassette.
b Prépare ton exposé.
c Fais ton exposé à ton/ta partenaire.
Si possible, enregistre ton exposé sur cassette.

Stratégie
Prépare ton exposé à l'avance. Pour t'aider: • écoute la cassette • regarde les **Phrases-clés** • lis les messages de l'exercice 4.

H La grand-mère de Nathalie

> **Allez, au revoir, Nathalie. Et bon courage!**

> **Demain, je quitte le foyer pour jeunes pour aller chez ma grand-mère.**

> **Elle est assez grande. Elle a les cheveux blancs...**

> **Elle est comment, ta grand-mère?**

> **Mais non! Je veux dire: elle est sympa?**

> **Non. Je crois qu'elle est très stricte!**

1 Lis et écoute la conversation. Nathalie aime sa grand-mère? (Oui/Non)

Phrases-clés					
je suis	il est	grand	petit		
	elle est	grande	petite		
j'ai		bleus	verts	marron	
il a	les yeux	blonds	bruns	roux	gris
elle a	les cheveux	longs	courts		
je/il/elle	porte des lunettes				

Attention!
je **suis** = I am
il **est** = he is
elle **est** = she is
j'**ai** - I have
il **a** = he has
elle **a** = she has

2 Nathalie décrit ses deux cousins. Regarde les images et écoute la cassette.
Quelle est l'image (a) de Robert? (b) d'Alexandre?

1
2
3
4

3 *A toi!* Jouez à deux.
A décrit une des images.
B devine qui c'est.

A
> Il a les cheveux longs et bruns. Il est petit...

B
> C'est l'image numéro 2.

◆ Regarde les **Phrases-clés.**

♣ Fais une description plus précise, par exemple:
Il est **très** grand. Il a les cheveux **assez** longs.

Phrases-clés								
◆♣ je suis	il est		sympa	bête	drôle	timide	heureux	malheureux
	elle est		sympa	bête	drôle	timide	heureuse	malheureuse
♣ je suis	il est elle est	parfois souvent très assez	triste triste	sérieux sérieuse	gentil gentille	amusant amusante		

4 Regarde les adjectifs de caractère des **Phrases-clés**. Fais deux listes:

Exemple:

positif ✔	négatif ✗
sympa	bête

Si nécessaire, utilise un dictionnaire.

Stratégies

◆♣ Dans le dictionnaire tu trouves:
bête *nf* (animal;) a (stupid)

Quel est le mot qui correspond ici?

♣ Tu trouves: **heureux, euse**
C'est simple!
il est heur**eux**; **elle** est heur**euse**

5 Compare avec ton/ta partenaire.
Exemple:

A
> Amusant, pour moi, c'est positif.

B
> Pour moi aussi. Timide, c'est négatif.

A
> A mon avis, timide, c'est positif!

6 Une photo montre le caractère? C'est possible?

a Regarde ces photos. Imagine le caractère de chaque personne. Ecris tes descriptions.

b Ecoute la cassette.

◆Tes descriptions sont vraies?

♣Corrige les détails qui sont faux.

7 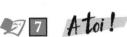 **A toi!**

a Décris-toi: apparence physique et caractère.

b Ensuite, fais la description de ton/ta partenaire.

c Compare les descriptions. Il y a combien de différences?

◆N'oublie pas:
(toi)   je suis... j'ai...
(ton/ta partenaire)   il est/elle est...
il a/elle a...

♣Utilise les mots **assez**, **très**, **toujours**, **souvent**, **parfois**
Exemples: Je suis **souvent** drôle.
Elle est **parfois** timide.

Une semaine active

Trois semaines plus tard…

Le matin, je me lève à sept heures. A huit heures moins le quart, je vais à l'école. Je ne fais pas la vaisselle!

A cinq heures, je fais mes devoirs. Puis, je mange avec ma grand-mère. C'est bien.

Le soir, je regarde la télé. Je me couche à dix heures.

Le samedi, je fais les courses avec ma grand-mère. Parfois, je vais au cinéma.

Le dimanche, je sors avec ma grand-mère. Parfois, j'invite des amis le dimanche soir. C'est génial!

 1 Lis le texte et écoute la cassette.

 2 Ecoute la cassette et compare avec le premier texte. Il y a combien de différences?

> ### Stratégie
>
> Tu comprends «je me lève», «je me couche»?
> Regarde bien le contexte:
> Le matin, je me lève à sept heures.
> Le soir… je me couche à dix heures.

Phrases-clés

je regarde...	un film	le matin	le soir
j'écoute...	de la musique	l'après-midi	le week-end
je vais...	à l'école	le samedi	le dimanche
	chez des amis	le samedi matin	
je joue...	au tennis	le vendredi soir	
je fais...	mes devoirs		
je parle avec mes amis		Je me lève à sept heures.	
je sors avec mes amis		Je me couche à dix heures.	
j'invite des amis			

3 Regarde ces images. Recopie les phrases dans le bon ordre.

a Je joue au football.

b Le matin, je vais au collège à huit heures moins le quart.

c Le dimanche, je vais au parc.

d J'écoute de la musique.

e Le samedi, j'invite des amis.

f A midi, je parle avec mes amis.

g Le soir, je fais mes devoirs.

4 **a** Que fait ton/ta partenaire le week-end? Et le soir? Demande-lui.

A Qu'est-ce que tu fais le samedi?

Le samedi, je vais en ville. Et toi? B ◆

A Moi, je...

Le samedi, je vais **souvent** en ville. Et toi? B ♣

b Vous faites les mêmes choses, en général?
(Oui/Non)

 5 **A toi!**

Fais la description d'une journée idéale.
Exemple:

Ma journée idéale
Je ne vais pas au collège! Le matin,
je vais en ville avec des copains...

♣

Tu veux parler d'autres choses?
Demande à ton/ta professeur.
Exemple:
«Pardon, Madame. Comment dit-on
en français, 'I go fishing'?»
«On dit 'je vais à la pêche'. »

J Atelier

Votre groupe travaille à Hollywood.
Vous préparez un film d'horreur.
Voici vos instructions.

La nuit du vampire

Votre responsabilité est d'inventer
le personnage principal du film:

1 son nom

2 son apparence physique

3 son caractère, ses activités typiques

4 où il habite

5 sa maison/son appartement

6 sa fiancée

Au travail!

1 Son nom
Comment s'appelle le héros du film?

2 Son apparence physique
a Proposez un acteur.
b Décrivez son apparence physique.
Exemples:

Gérard Depardieu
Il est grand. Il a les cheveux bruns . . .

Tom Cruise
Il est petit. Il a les cheveux noirs . . .

3 Son caractère et ses activités typiques
Exemples:

Il est timide   Il est drôle   Il invite souvent des amis   Il regarde la télé

Il est sérieux   Il est heureux   Il sort souvent

Il va en ville avec ses amis   Il écoute de la musique à la maison

4 Où il habite
Par exemple, est-ce qu'il habite un village, une ville, près du centre-ville, à la montagne?

5 Sa maison/son appartement
a Dessinez le plan.
b Décrivez la maison/l'appartement.

6 Sa fiancée
a Décrivez son apparence physique, son caractère, ses activités typiques.
b Proposez une actrice.

Les numéros

1	un	11	onze	21	vingt et un	81	quatre-vingt-un
2	deux	12	douze	22	vingt-deux	90	quatre-vingt-dix
3	trois	13	treize	30	trente	91	quatre-vingt-onze
4	quatre	14	quatorze	40	quarante	100	cent
5	cinq	15	quinze	50	cinquante	101	cent un
6	six	16	seize	60	soixante	102	cent deux
7	sept	17	dix-sept	70	soixante-dix	200	deux cents
8	huit	18	dix-huit	71	soixante et onze	201	deux cent un
9	neuf	19	dix-neuf	72	soixante-douze	1000	mille
10	dix	20	vingt	80	quatre-vingts		

1 **Jeu-test** Ecris les réponses correctes. *Exemple*: **1** six

1 Un hexagone a _____ côtés.

2 Il y a _____ jours au mois d'octobre.

3 Il y a _____ cordes sur une guitare.

4 Un pentagone a _____ côtés.

5 Il y a _____ personnes dans une équipe de basket.

6 La température normale du corps humain est _____ degrés Celsius.

7 La fête nationale de la France, c'est le _____ juillet.

8 Il y a _____ continents.

9 Le mois de février avait _____ jours en 1950.

10 Il y a _____ cartes dans un jeu de cartes.

2 **Un peu de maths** Fais ces calculs et écris tes réponses.
Ensuite invente des calculs pour ton/ta partenaire.

a vingt et un
+
quarante-sept

b dix-neuf
+
quatorze

c quatre-vingt-treize
-
seize

d quatre-vingt-cinq
-
cinquante-huit

e quinze
x
cinq

f huit
x
douze

3 On paie combien? *Exemple*:
a On paie trois francs quarante.

Réductions! Moitié Prix!

Info

Un franc = cent centimes
3F50 = trois francs, cinquante
centimes-moitié = $^1/_2$

L'heure

Quelle heure est-il?

 Il est une heure cinq.

Il est treize heures cinq.

 Il est deux heures et quart.
Il est deux heures quinze.

Il est quatorze heures quinze.

 Il est trois heures et demie.
Il est trois heures trente.

Il est quinze heures trente.

 Il est cinq heures moins le quart.
Il est quatre heures quarante-cinq.

Il est seize heures quarante-cinq.

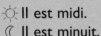

☼ Il est midi.
☾ Il est minuit.

☼ Il est dix heures du matin.
☾ Il est dix heures du soir.

☼ Il est trois heures de
l'après-midi.

A quelle heure?

Rendez-vous **à** dix heures.   (= heure exacte)
Rendez-vous **vers** dix heures.   (= heure approximative)

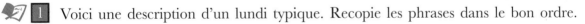

 1 Voici une description d'un lundi typique. Recopie les phrases dans le bon ordre.

   1 Je prends le déjeuner à une heure et quart.
   2 Normalement, je me lève à sept heures dix.
   3 Je prends le petit déjeuner vers sept heures et demie.
   4 J'arrive chez moi vers quatre heures vingt-cinq.
   5 On prend le dîner vers six heures et demie.
   6 Je vais au collège à huit heures vingt.
   7 Je fais mes devoirs de cinq heures à six heures.

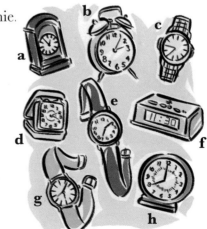

2 Maintenant, écris la description d'un lundi
typique pour toi.

 3 Quelle heure est-il? Ecris tes réponses.

UNITE 2
Une semaine dans les Alpes

A | Fixer un rendez-vous

Alors, on part pour Super-Roche demain. Rendez-vous à huit heures vingt.

Rendez-vous où exactement?

Rendez-vous à quelle heure?

A l'arrêt d'autobus devant l'hôtel de ville. D'accord?

Hélène! Fais attention!

Super-Roche

Station d'hiver dans les Alpes suisses

Vacances   liberté

  1 Lis et écoute le dialogue. C'est vrai ou faux:
1 Rendez-vous à 08 h 15.
2 Rendez-vous:
3 Nathalie et ses amis vont à la montagne.
4 Super-Roche est en France.

Phrases-clés	
Rendez-vous où?	Rendez-vous quand?
Rendez-vous...	Rendez-vous à quelle heure?
à l'arrêt d'autobus	
devant l'hôtel de ville	Rendez-vous...
le musée	demain
le cinéma	à huit heures vingt
la patinoire	etc
la piscine	♣ Ah non, je regrette, je ne peux pas.

l'arrêt d'autobus

la patinoire

2 Regarde ces images et écoute les six conversations.

◆ Ecris la lettre de l'image qui correspond. *Exemple:* **1** f

♣ ◆ + Note l'heure du rendez-vous. Attention! Il y a des problèmes!
Exemple: **1** f 4h 00

a   b   c   d   e   f

3 Ecoute l'exemple.

Stratégie
Tu fixes un rendez-vous? Répète les détails importants, pour les confirmer.

Exemple:
A Rendez-vous où, demain?
B Rendez-vous devant le cinéma.
A *Devant le cinéma?*
B Oui.
A Rendez-vous à quelle heure?
B Rendez-vous à huit heures dix.
A *A huit heures dix.* D'accord.

◆ Ecoute les trois conversations.
Répète les détails importants.

 ♣ ◆ + Ecris les détails.

4 **A toi!**

Au téléphone Travaillez à deux.
◆ Inventez des dialogues pour les images. N'oubliez pas la stratégie.

♣ ◆+ Dans chaque dialogue, inventez un problème. *Exemple:*

A Et rendez-vous à quelle heure?
B A 4h 20?
A Ah non, je regrette, je ne peux pas.
B Alors à 5h 00? Ça va?
A A 5h 00. Oui, ça va.

a 4h20 b 10h05
c 7h50 d 10h30

5 **A toi!**

a Lis ce petit mot. Il correspond à quelle image de l'exercice 4?
b Tu fixes un rendez-vous avec un(e) de tes ami(e)s. Ecris un petit mot.

Nathalie,
Rendez-vous demain à dix heures cinq, devant la piscine. D'accord?
Hélène

B Qu'est-ce que tu aimes faire?

Ah oui, c'est vraiment super. Il y a beaucoup de choses à faire. On peut...

Alors, c'est bien, Super-Roche?

aller au cinéma

faire de la natation

faire du vélo

jouer au tennis de table

faire de la luge

aller à la discothèque

faire du ski

faire du snowboard

aller à la patinoire

faire du cheval

 1
a Lis et écoute la conversation.
b Et toi, qu'est-ce que tu aimerais faire à Super-Roche?
Ecris une liste dans ton ordre de préférence.

Exemple:

J'aimerais ... 1 faire du ski
2 aller à la discothèque

 2 Lis la description de Super-Roche.

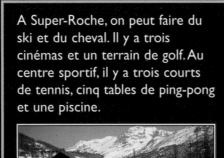
A Super-Roche, on peut faire du ski et du cheval. Il y a trois cinémas et un terrain de golf. Au centre sportif, il y a trois courts de tennis, cinq tables de ping-pong et une piscine.

C'est vrai/faux/impossible à dire?
1 A Super-Roche, on peut faire de la natation.
2 On ne peut pas jouer au tennis de table.
3 On peut regarder des films.
4 On ne peut pas aller au musée.
5 On peut faire du sport.

Stratégies

• Tu ne trouves pas les mots exacts de la question? Pas de problème! Compare les idées. *Exemple:* film - cinéma

• Attention aux phrases négatives!
On peut = you can
On ne peut pas = you can't

Phrases-clés		
on peut...	faire du vélo	aller au cinéma
tu aimes...?	faire du ski	aller à la patinoire
oui, j'adore/j'aime...	faire de la natation	aller à la discothèque
non, je déteste/je n'aime pas...	faire du cheval	jouer au tennis de table

Comment apprendre des mots? Voici une bonne idée:

Stratégie

1. Ecris l'anglais ou dessine des symboles sur de petites cartes.

2. Retourne chaque carte. Ecris l'expression qui correspond.

3. Fais un petit test. Regarde le symbole. Peux-tu dire l'expression?
   Retourne la carte pour vérifier ta réponse.

Villages de vacances

Saint-Pierre   **Fleury**   **Belleville**

   3 Nathalie demande à quatre amis: «Qu'est-ce que tu aimes faire en vacances?»
   a Ecoute la cassette. Prends des notes.
   b Ensuite, recommande un village (ou des villages) de vacances pour chaque personne.
   Exemple: **1** natation, cheval - Je recommande Fleury ou Belleville.

4 **a** Demande à ton/ta partenaire s'il/si elle aime les activités a-h.
   Note **oui** ou **non**.
   b Ensuite, recommande un village
   de vacances.
   Exemple:

> a oui
> b non

A — Tu aimes aller à la discothèque?

Oui, j'adore aller à la discothèque.
...   B

A — Je recommande...

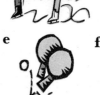

a   **b**   **c**

d   **e**   **f**

g   **h**

C On fait des suggestions

A l'auberge de jeunesse

Zut! Il pleut! Impossible de faire du ski aujourd'hui. Tu veux aller à la piscine, Hélène?

Non, je préfère aller au cinéma.

Bonne idée!

1 Ecris une phrase des **Phrases-clés** pour chaque image:

a b c d

e f g h

Phrases-clés	
il fait beau	il fait du soleil
il fait mauvais	il fait du vent
il fait chaud	il pleut
il fait froid	il neige

2 Qu'est-ce que tu aimes faire quand il fait beau? Et quand il fait mauvais?
Ecris des listes.
Exemple:

Attention!
Parfois, un mot français ressemble à un mot anglais, mais ne veut pas dire la même chose! *Exemple:* rester = to stay

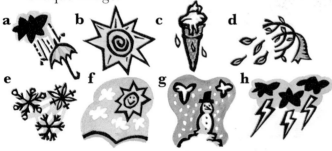

Quand il fait beau, j'aime...
aller à la pêche
aller au parc

Quand il fait mauvais, j'aime ...
rester à la maison
regarder des vidéos

aller à la pêche

3 Pose les deux questions à ton/ta partenaire:
«Qu'est-ce que tu aimes faire quand il fait beau?» «Et quand il fait mauvais?»
Vous avez combien de points communs?

Phrases-clés	
Tu veux...	Non, je préfère...
jouer au tennis?	aller en ville.
aller à la pêche?	rester à la maison.
regarder des vidéos?	faire du vélo.
Oui, je veux bien. D'accord.	Bonne idée.

4 Ecoute les cinq conversations. Qu'est-ce qu'on décide de faire?

◆ Note la *décision:* c'est quelle activité... a, b ou c?

♣ ◆ + Note aussi le *temps* (par exemple - il pleut)

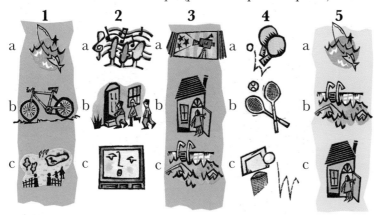

1   **2**   **3**   **4**   **5**

a   b   c

Stratégie
Préparation: pense aux expressions françaises. *Exemple:*   aller à la pêche

5  **A toi !**

A deux, faites des dialogues. Ensuite, inventez quatre autres dialogues.

A   ?
 B .....

A   ?
 B Non...
 A ✔

6 **A toi !**

Ta correspondante, Yasmine, t'écrit une lettre.
Lis la lettre et réponds à ses questions.

La Grave, le 9 décembre

Salut!

Ça va? Merci pour ta lettre.

En ce moment, je suis en vacances dans les Alpes. C'est formidable! On peut faire du ski et de la natation, et il y a une patinoire.

Moi, j'adore le sport. Et toi, tu aimes le sport? Qu'est-ce que tu aimes faire le week-end?

Ecris-moi bientôt.

Amicalement,

Yasmine

D Les magasins

1 Pour chaque image, trouve le magasin qui correspond. Pour t'aider, écoute les descriptions sur la cassette.

Exemple: **1** la pâtisserie

la boulangerie
la boucherie
la pâtisserie
l'épicerie
la pharmacie
la charcuterie

2 Hélène a fait les courses. Elle est allée à quels magasins?
Exemple: Elle est allée à...

Phrases-clés				
Il y a	une boucherie une boulangerie	une charcuterie une pâtisserie	une pharmacie une épicerie	près d'ici?
Elle ouvre à quelle heure? Elle ferme à quelle heure?		Elle ouvre à huit heures trente. Elle ferme à dix-sept heures.		

3 Ecoute les six conversations. Les magasins sont près d'ici? (oui/non)

4 **a** Regarde les images. Pose des
questions à ton/ta partenaire:
Exemple:

A ⟩ Il y a une pharmacie près d'ici?

Oui, regarde. ⟨ B *ou*

Non, je regrette. ⟨ B

8h45 - 18h00

9h30 - 17h15

b Ensuite, pose des questions
différentes.
Exemple:

A ⟩ La pâtisserie ouvre à quelle heure?

Elle ouvre à 6h00. ⟨ B

A ⟩ Et elle ferme à quelle heure?

... ⟨ B

6h00 -16h30

5 Ecoute la cassette.
◆ Il est 17h15. Les magasins sont ouverts? ♣ Note les heures d'ouverture des magasins.
Exemple: **1** non   *Exemple:* **1** 6h30 - 16h00

6 *A toi!*

Faites ce jeu à deux. Ensuite, changez de rôle.

• En secret, A fait une liste de trois
magasins et leurs heures d'ouverture.
Exemple:

une pharmacie	9h15 - 17h00
une pâtisserie	6h00 - 15h30
une boucherie	8h30 - 18h00

• B pose des questions et prend des notes.
Exemple:

B ⟩ Il y a une pâtisserie près d'ici?

Oui ⟨ A

B ⟩ Elle ouvre à quelle heure?

• Il faut combien de questions pour
compléter la liste?

E Ma journée

A Super-Roche. Samedi.

Eh bien...

Nathalie, qu'est-ce que tu as fait aujourd'hui?

A dix heures, j'ai acheté des cadeaux et des souvenirs. A midi, j'ai mangé dans un café.

Ensuite, à la patinoire, j'ai rencontré un garçon super bien. Il s'appelle Lucien.

J'ai parlé avec Lucien, et j'ai acheté des cartes postales.

A trois heures, j'ai joué au tennis de table avec lui.

Plus tard, j'ai regardé un film avec lui.

1 Nathalie a acheté des cadeaux et des souvenirs:

    1 un parapluie
    2 des cartes postales
    3 des lunettes de soleil
    4 un CD
    5 un livre

Ecris les lettres des images qui correspondent.
Exemple: **1** c

2 **a** Décode les anagrammes. Ensuite, recopie le dialogue.

  A Qu'est-ce que tu as acheté?
  B J'ai acheté des STRAEC STOPALES. Et toi?
  A Moi, j'ai acheté un VREIL et un ALUPPAIRE.

 b Jouez le dialogue à deux. Ensuite, changez le dialogue.

Phrases-clés			
Qu'est-ce que tu as fait?			
j'ai mangé...	en ville au restaurant	j'ai joué...	au football au tennis de table
j'ai rencontré...	un garçon une fille	j'ai regardé...	la télé un film
j'ai acheté...	des lunettes de soleil des cadeaux des souvenirs	un CD des cartes postales un livre un parapluie	

 3 **a** Ecris des phrases complètes:

A onze heures et demie, j'ai joué	en ville.
A midi, j'ai mangé	la télé à la maison.
A neuf heures, j'ai regardé	des souvenirs.
J'ai acheté un cadeau	une fille sympa.
En ville, j'ai acheté	pour ma grand-mère.
Au café, j'ai rencontré	au tennis avec des amis.

b Ecoute la cassette.

◆ Tes phrases dans l'exercice **a** sont correctes?

♣ Note d'autres détails. *Exemple:* **1** film.

 4 En groupe, faites 'le jeu de la chaîne'. *Exemple:*

B

A   Qu'est-ce que tu as fait aujourd'hui?

Moi, j'ai acheté <u>des cartes postales</u>.
Et toi, qu'est-ce que tu as fait aujourd'hui?

C   Moi, j'ai acheté des cartes postales et <u>j'ai mangé en ville</u>. Et toi, qu'est-ce que tu as fait aujourd'hui?

Moi, j'ai acheté des cartes postales et j'ai mangé en ville, et <u>j'ai joué au foot...</u>

D

5 Voici le journal d'Hélène. Lis sa description de vendredi.

Regarde les images. Ecris ton journal.

◆ Pour t'aider, regarde le journal d'Hélène et les **Phrases-clés**.

Vendredi 1
matin: J'ai acheté des souvenirs. J'ai
acheté deux livres et un CD.
A midi, j'ai mangé un sandwich en ville.

Après-midi. A trois heures, j'ai joué au
basket avec des amis.

Soir: J'ai mangé une pizza au restaurant.
Ensuite, j'ai regardé un film avec Nathalie.

♣ Emploie les mots **ensuite** *(next)* et **plus tard** *(later)*.

matin midi

après-midi  soir

F Ma semaine dans les Alpes

Après les vacances, Nathalie écrit une lettre à sa cousine, Florence.

Le dimanche 3 décembre

Chère Florence,

La semaine dernière, je suis allée dans les Alpes.
C'était vraiment formidable !
Mardi dernier. J'ai fait de la natation avec des amis
et puis mardi soir, je suis allée au restaurant.
J'ai mangé une fondue : c'était délicieux.

Il a fait beau mercredi matin, et j'ai fait du vélo
avec Hélène. C'était super.

Hier, je suis allée à la patinoire. Pour commencer, c'était
un peu ennuyeux. Je n'aime pas la patinoire.
Mais j'ai rencontré un garçon vraiment sympa. Il
s'appelle Lucien, et il est super !
L'après-midi, j'ai joué au tennis de table avec
Lucien. Hier soir, je suis allée au cinéma avec lui.

Mais - quel désastre ! J'ai perdu son adresse !

Ecris-moi bientôt.
Amitiés,
Nathalie.

> **Attention!**
>
> c'est - it **is**
> c'était - it **was**

1 Lis la lettre de Nathalie.

a Ecris les lettres des images dans le bon ordre.

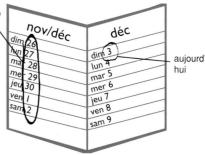

la semaine dernière

aujourd'hui

a

b

c

d

e

b Pour chaque photo: écris *quand* Nathalie a fait cela.
Exemple: **a** mardi soir

Phrases-clés			▶▶ p.94
lundi dernier	mardi matin	j'ai acheté...	des souvenirs
le week-end dernier	mercredi après-midi	j'ai fait...	du ski
la semaine dernière	jeudi soir	je suis allé...	au cinéma 
hier		je suis allée...	au parc
c'était bien	c'était formidable	c'était génial	c'était ennuyeux

 2 **a** Nous sommes samedi. Lucien décrit sa semaine. Complète les phrases.

Exemple: **1** mangé

1 Lundi dernier, j'ai _____ au restaurant.
2 Hier, j'ai _____ un film à la télé.
3 Jeudi soir, je suis _____ au cinéma.
4 Mercredi matin, j'ai _____ de la natation.
5 Mardi dernier, je suis _____ au parc.
6 Mercredi soir, j'ai _____ au basket.
7 Le week-end dernier, je suis _____ à Super-Roche.
8 Jeudi après-midi, j'ai _____ des cadeaux.

> fait   joué   *allé*
>
> **mangé**   *regardé*
>
> **allé**   *allé*
>
> **acheté**

b Ecris les lettres des phrases dans l'ordre chronologique. Commence par le numéro **7**.

c Ensuite, recopie les phrases dans cet ordre.

 d Ecoute la cassette pour vérifier.

3 *A toi!*

Imagine: tu es en vacances.
Ecris une lettre à un(e) ami(e). Décris la semaine dernière.

◆ Ecris des phrases simples.
Exemple: Lundi, j'ai fait du ski. C'était bien.

♣ Ecris des phrases plus longues.
Exemple: Lundi matin, j'ai fait du ski **avec des amis**. C'était **vraiment** bien!

Voici des idées:

> **Stratégie**
>
> Pour t'aider, regarde la lettre de Nathalie.
> Regarde les phrases pour commencer et terminer la lettre.
> Attention:
> **Cher** Marc
> **Chère** Anne

G Noël et le Nouvel An

 1 Lis les descriptions et regarde les images. A quelle image correspond chaque description?

1
En Hollande, le 6 décembre, Saint Nicolas donne des cadeaux aux enfants.

2
En Belgique, on fait un grand dîner le soir du 24 décembre. On fait des jeux avec les enfants.

3
En Suisse, on met les cadeaux sous l'arbre de Noël. On ouvre les cadeaux le soir du 24 décembre.

4
Aux Etats-Unis, on fait un grand déjeuner le jour de Noël. On mange de la dinde. On offre des cadeaux à la famille.

5
A Noël, j'offre des cadeaux à la famille et à mes amis. On fait un grand déjeuner. Il y a un gâteau spécial, la bûche de Noël. C'est délicieux!

6
Pour la fête du Nouvel An, on invite des amis. D'habitude, il y a une soirée chez moi. On mange des plats spéciaux, on boit du vin et du champagne, et on danse. C'est génial!

2 Ecoute la cassette. Michel et Céline parlent de Noël et du Nouvel An. C'est vrai (**V**)/faux (**F**)/impossible à dire (**I**)?

1 Chez Michel, on ouvre les cadeaux l'après-midi.
2 Le 31 décembre, Michel boit beaucoup de champagne.
3 Chez Céline, on ouvre les cadeaux l'après-midi.
4 Céline offre des cadeaux à ses amis.
5 Céline aime la fête du Nouvel An.

3

Qu'est-ce qu'on fait chez toi à
Noël *ou* au Nouvel An?
Ecris cinq phrases.

Exemples:
Au Nouvel An, on boit <u>du whisky</u>.

On invite <u>les voisins</u>.

<table>
<tr><td colspan="2">**Stratégies**</td></tr>
<tr><td colspan="2">◆♣ Adapte les expressions des
Phrases-clés.</td></tr>
<tr><td colspan="2">♣ Si tu veux, utilise le dictionnaire.
Exemple:</td></tr>
<tr><td colspan="2">neighbour *n* voisin(e)</td></tr>
<tr><td>**le** voisin;</td><td>**la** voisin**e**</td></tr>
</table>

Phrases-clés

à Noël au Nouvel An d'habitude	on fait un grand déjeuner/dîner on boit du vin on danse on fait des jeux on offre des cadeaux à la famille	on ouvre les cadeaux il y a un gâteau spécial il y a des plats spéciaux il y a une soirée

♣ l'année dernière, on a fait un grand déjeuner, etc.

4 Compare avec ton/ta partenaire.
Exemple: A

> Qu'est-ce qu'on fait chez toi?

B

> Chez moi, on fait un grand repas...

5 **a** Hélène parle de Noël. Recopie et complète la description.
b Ecoute la cassette pour vérifier tes réponses.

L'année dernière, on a invité des _____ pour Noël. Le
matin, on est allé à l'église. L'après-midi, on a ouvert les
cadeaux et on a fait des _____. C'était très amusant.
On a _____ la télé. Le soir, on a fait un _____ dîner.
On a _____ des plats spéciaux, et on a bu du
champagne. Plus tard, on a dansé. C'était vraiment _____.

mangé	génial
amis	grand
jeux	regardé

6

Tu es en France. Tu parles d'une fête
chez toi, par exemple Noël ou le
Nouvel An.

Prépare-toi:
• Qu'est-ce qu'on fait chez toi?
• Qu'est-ce qu'on mange, d'habitude?
• Donne ton opinion. C'est bien?
  C'est ennuyeux?

Stratégie

♣ Parle <u>aussi</u> de l'année dernière. Ça te
gagne des points à l'examen!
Regarde la description d'Hélène.
Exemple:
L'année dernière, **on a mangé...** /**on a invité**
des amis... /**on a ouvert** les cadeaux.
C'était génial.

H *Atelier*

Tu es en France avec ta classe.
Demain, c'est mardi. Tu as un maximum de 100 F pour mardi.
Qu'est-ce que tu vas faire?

Centre VTT

Vélos tout terrain à louer

Prix irrésistibles!!

13 F l'heure ou 70 F la journée

Centre sportif

Centre sportif Blomet ouvert tous les jours de 9h30 à 18h00

- Tennis de table, tennis, badminton.
  Entrée: 40 F.

- Centre équestre:
  16 chevaux.
  65 F l'heure.

CINEMA

Cinéma Rex

mardi: Le château de Frankenstein
(film d'horreur)

séances: 14 h 00, 17 h 00, 20 h 00

places: adultes 55 F jeunes
(-18 ans) 35 F

Patinoire

Patinoire de Mardelles
ouverte du lundi au
samedi de 11h00 à 22h00
le dimanche de 11h00 à 18h00

Adultes 50 F

Réductions (-18 ans) 25 F

Musée

Musée de la musique
de Mozart à Madonna
Fermé le mardi après-midi.

entrée: 60 F

Piscine

**Piscine Saint-Charles
ouverte de 9h à 17h 30
fermée le lundi**

- **Entrée 40 F
  Tarif réduit 30 F**

1 Travaillez à deux.
Qu'est-ce que vous voulez faire demain?
• le matin?
• le soir?

Attention:

 ouvert   fermé

ouvert tous les jours = ouvert le lundi,
le mardi, le mercredi, le jeudi,
le vendredi, le samedi et le dimanche

N'oublie pas:
• Demain, c'est mardi.
• Tu as 100 F.

A

Tu veux aller au musée le matin?
C'est ouvert.

B

Oui, mais c'est 60 F...

Décidez-vous. Faites une liste.

2 a Ecoutez la météo sur la cassette. Prenez des notes:
• mardi matin: beau temps ou mauvais temps?
• mardi après-midi: beau temps ou mauvais temps?

b Il faut changer vos projets?

3 Demain matin, tu vas acheter des cartes postales à 9 h 00.
Fixe un rendez-vous avec ton/ta partenaire après 9 h 00
pour votre activité du matin.

Prends des notes:
• Où?
• A quelle heure?

Rendez-vous où?

4 Nous sommes mardi soir.
a Lis le journal de Pierre. Il a fait les
mêmes choses que toi?
Exemple:

Pierre	Moi
- j'ai acheté des souvenirs	- moi aussi/moi non

Mardi matin.
J'ai acheté des souvenirs – Ensuite,
j'ai fait du cheval. C'était
formidable.

Mardi après-midi –
Je suis allé au cinéma. J'ai
regardé un film d'horreur.
C'était ennuyeux.

b Ecris ton journal.
• Où? Qu'est-ce que tu as fait?
• Où? Donne ton opinion.

UNITE 3 L'anniversaire d'Henri

A Acheter un cadeau

C'est mon anniversaire samedi prochain. L'après-midi, on va au parc d'attractions et le soir il y a une soirée. Tu peux venir?

Chouette! Une soirée chez Henri!

Tu dois lui acheter un cadeau...

Si Nathalie est là, je vais lui demander de sortir avec moi...

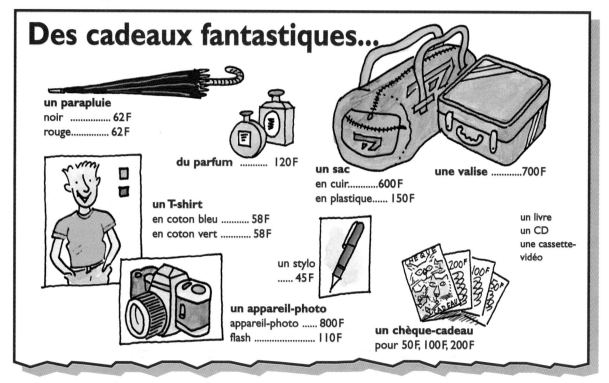

Des cadeaux fantastiques...

un parapluie
noir 62F
rouge.............. 62F

du parfum 120F

un T-shirt
en coton bleu 58F
en coton vert 58F

un stylo
...... 45F

un appareil-photo
appareil-photo 800F
flash 110F

un sac
en cuir............600F
en plastique...... 150F

une valise 700F

un livre
un CD
une cassette-vidéo

un chèque-cadeau
pour 50F, 100F, 200F

1 **a** Tu choisis des cadeaux. Regarde le catalogue. Complète les phrases:
Pour ma mère, j'achète...
Pour mon ami(e), j'achète...

b Compare avec ton/ta partenaire:

A
Qu'est-ce que tu achètes pour ta mère?

B
J'achète...

Dialogue A
– Je peux vous aider?
– Oui. Vous avez
   des appareils-photos?
– Oui. Regardez.
– C'est combien?
– C'est cent francs.
– Oh, c'est trop cher.

Dialogue B
– Vous désirez?
– Vous avez des stylos?
– Oui. Voilà.
– C'est combien?
– C'est quarante francs.
– Bon, c'est bien.

 2 **a** Lis et écoute les dialogues. La photo correspond au dialogue A ou B?
b Ensuite, joue les dialogues avec un(e) partenaire.

Phrases-clés				
le vendeur/la vendeuse:	Je peux vous aider? Vous désirez?			
Voilà... un parapluie	un CD	un appareil-photo	un T-shirt	un livre
un chèque-cadeau	du parfum	une cassette-vidéo	une valise	
le client/la cliente :	Vous avez.... des T-shirts?			
	C'est combien? C'est trop cher. C'est bien.			

 3 Nathalie achète un cadeau pour Henri.
a Ecoute la cassette. Note le cadeau et le prix (...F).
b Ecoute encore cinq conversations. Note les prix.

 4 Travaillez à deux. A est le vendeur/la vendeuse.
B est le client/la cliente.
a En secret, A note trois articles dans son cahier.
   Il/elle invente les prix.
b Jouez des dialogues. B écrit les prix.
c Ensuite, changez de rôle.
Exemples:

B — Vous avez des livres?   A — Non, je regrette.
B — Vous avez du parfum?   A — Oui, voilà.
B — C'est combien?   A — C'est 65 F.

Exemple:

un CD . 160F
un appareil-photo - 600F
du parfum . 65 F

 5 Ecoute des clients dans un magasin.
   ◆ Qu'est-ce qu'ils achètent?
   ♣ ◆ + C'est à combien?

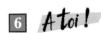

A deux, inventez d'autres dialogues.

Stratégie
Tu veux acheter d'autres cadeaux? Demande à votre prof.
Exemple: «Comment dit-on en français, 'a Liverpool scarf'?»
«C'est 'une écharpe de Liverpool'.»

B Les vêtements et la mode

Quel est ton look?

▲ **le look cool**
un pantalon étroit avec un blouson en cuir

une jupe courte avec un blouson en jean

▲ **le look classique**
un chemisier avec une jupe longue et étroite
un pantalon, une chemise et une cravate

▲ **le look grunge**
un jean large avec un sweat-shirt large
un pull long

1 Tu lis cet article dans le magazine *Toi et moi*. Tu préfères quel look?

2 Les vêtements sont *à la mode* ou *démodé(s)*? Ecoute les opinions de quelques jeunes (1-7). Tu es d'accord? Ecris: ✔. Pas d'accord? Ecris: ✗.

3 Discute des vêtements avec deux ou trois camarades de classe.
Exemple:

A — Tu préfères quel look?

B — Je préfère le look cool. J'aime bien le blouson en cuir.

C — Moi, je n'aime pas ça. C'est démodé. Moi, je préfère...

4 Tu lis ces lettres dans le magazine. Ecris le prénom pour chaque photo A-D.

Qu'est-ce que tu portes?

D'habitude, je porte un jean et un sweat-shirt large. C'est confortable. Pour les grandes occasions, je porte un pantalon et une chemise. Parfois, je porte une cravate, aussi. Ce n'est pas très à la mode, mais c'est bien pour les grandes occasions.
Patrick, 16 ans

Moi, je n'aime pas les jupes. Pour les grandes occasions, je porte un pantalon et un beau chemisier. D'habitude, je porte un jean, parce que c'est confortable et pratique!
Emilie, 17 ans

Moi, généralement, je porte une jupe courte et un pull. Mais pour une grande occasion, je porte une jupe longue avec un joli chemisier.
Audrey, 18 ans

Normalement, je porte un pantalon étroit et un blouson en jean ou en cuir noir. Pour les grandes occasions, je porte la même chose. Je déteste les cravates!
Joaquim, 17 ans

Phrases-clés			
d'habitude, je porte	**un** sweat-shirt **un** pull **un** jean **un** pantalon **un** chemisier **un** blouson	long large	court étroit
pour les grandes occasions, je porte	**une** jupe **une** chemise **une** cravate	long**ue** large	courte étroite
c'est confortable	c'est à la mode		c'est démodé

5 **a** Demande à cinq camarades de classe:
«Qu'est-ce que tu portes d'habitude?»
«Qu'est-ce que tu portes pour les grandes occasions?»
b Quels vêtements sont populaires? Fais une liste.

6

Ecris une lettre au magazine *Toi et moi*. Parle de tes vêtements.

C On achète des vêtements

  Lis cet article de magazine.
Note les bonnes couleurs pour toi, et pour ton/ta partenaire.

TROUVE «TES» COULEURS!

Jean-Michel Nollet est expert sur la mode et les couleurs.
Voici ses conseils pour toi!

Tu as les cheveux blonds?
Suggestions:

Tu as les cheveux bruns?
Suggestions:
un chemisier blanc avec une
jupe marron
un sweat-shirt rouge et un
pantalon gris

Tu as les cheveux roux?
Suggestions:

un chemisier blanc avec un
pantalon vert
un blouson en cuir marron avec
un jean noir

une robe en coton jaune
avec un blouson en jean
un T-shirt vert et un jean
bleu

Tu as les cheveux noirs?
Suggestions:
un pull en laine ou en coton bleu
avec un pantalon noir
une robe rouge et une veste grise

Phrases-clés				
Je voudrais... **un** pull **un** pantalon (etc)	gris bleu blanc noir vert rouge jaune marron			
Je voudrais... **une** veste **une** robe (etc)	grise bleue blan**che** noire verte rouge jaune marron			
Vous faites quelle taille?	grande petite moyenne			
Je peux l'essayer?	C'est trop... grand / petit / étroit / large / cher			
♣ en coton en laine en cuir en jean				

Super! Une soirée chez Henri! Je vais m'acheter des vêtements!

Je viens avec toi. On peut aller au restaurant après.

2 Lis et écoute le dialogue.

Vendeuse	Vous désirez?
Nathalie	Je voudrais un T-shirt blanc.
Vendeuse	Vous faites quelle taille?
Nathalie	Moyenne.
Vendeuse	Voilà, Mademoiselle.
Nathalie	Je peux l'essayer?
Vendeuse	Bien sûr.

...

Vendeuse	Alors, ça va?
Nathalie	Non, c'est trop petit.
Vendeuse	Voilà un autre T-shirt.

...

Nathalie	Bon, ça va.
Grand-mère	Mais non, Nathalie, c'est trop grand!
Nathalie	Mais non, Mamie. Ça va! Je prends le T-shirt!

3 Ecoute la cassette et lis les phrases. Est-ce que les phrases sont vraies ou fausses?
◆ Note: **vrai** ou **faux**.
♣ ◆ + Corrige les phrases fausses.

Dialogue 1: Didier
a Didier voudrait un blouson noir.
b Il achète le blouson.

Dialogue 2: Christelle
a Christelle veut une robe rouge.
b La robe est trop longue.
c Elle n'achète pas la robe noire.

Dialogue 3: M. Thomas
a M. Thomas voudrait un pull.
b Il fait taille moyenne.
c C'est trop cher.

Dialogue 4: Mme Liu
a Mme Liu achète une veste jaune.

4 *A toi!*

a Recopie les phrases de ce dialogue dans le bon ordre.
b Ecoute la cassette et vérifie ton dialogue. Corrige ton dialogue si nécessaire.
c Jouez le dialogue à deux.
d Adaptez le dialogue pour acheter d'autres vêtements.

– Grande.
– Voilà un pull vert.
– Oui. Je voudrais un pull vert.
– Bien sûr.
– Vous faites quelle taille?
– Je peux vous aider?
– Je peux l'essayer?
...
– Non. C'est trop large.
– Oui, ça va.
– Alors, ça va?
– Voilà un autre pull. Ça va?

D Un repas au restaurant

**Restaurant Maxi
Menu à 80F**

la soupe du jour

une omelette aux champignons
le poulet rôti avec pommes frites

une glace
(à la fraise/à la vanille/au chocolat)

Restaurant Maxi
A la carte

les entrées

la soupe du jour 20F
le jambon 35F

les plats principaux

le poulet rôti 60F
le steak 75F
le porc à la crème 65F
le plat végétarien 55F

les légumes

les pommes frites 15F
les haricots verts 15F
les petits-pois 15F

les desserts/fromages

la mousse au chocolat 25F
la salade de fruits 25F
les fromages de la région 25F

les boissons

une carafe de vin rouge 50F
une carafe de vin blanc 50F
un jus de fruits 15F

 1 Lis les menus. Tu ne comprends pas tous les mots? Regarde la **Stratégie**.

Stratégies

- Cherche 5 mots dans le dictionnaire.
  Il faut combien de temps? 8 minutes? 10 minutes?
- Attention! Dans l'examen tu n'a pas beaucoup de temps. Il est impossible de chercher tous les mots dans le dictionnaire!
- Le dictionnaire n'est pas toujours nécessaire! Certains mots sont similaires en français et en anglais. *Exemples*: le steak, la salade de fruits

 2 Ecoute la cassette. Nathalie et sa grand-mère commandent un repas. Tu es le garçon/la serveuse. Note les détails dans ton cahier.

Entrée ....
Plat principal ....
Légumes ....
Boisson ....
Dessert ....

Phrases-clés	
le garçon/la serveuse: Qu'est-ce que vous prenez...	*le client/la cliente:* Une table pour une personne/pour trois. Je prends le menu à 80 F. Je prends... Pour moi...
pour commencer?	la soupe du jour le jambon
comme plat principal?	le poulet le porc le steak une omelette
comme légumes?	les frites les haricots verts les petits pois
comme dessert/fromage?	la mousse au chocolat la salade de fruits une glace le fromage
comme boisson?	une carafe de vin rouge/blanc un jus de fruits

3 Travaillez à deux.

Image **1**: A est le serveur/la serveuse
B est le client/la cliente.

Image **2**: Changez de rôle.

Employez les expressions des **Phrases-clés**.

Exemple:

A   Qu'est-ce que vous prenez pour commencer?

B◆   La soupe du jour.

B♣   Pour commencer, je prends la soupe du jour.

1

2

4 Ecoute les deux clients sur la cassette. Regarde les images 1 et 2 de l'exercice 3.

a Les entrées sont correctes?
b Les plats principaux sont corrects?

c Les boissons sont correctes?
d Les desserts sont corrects?

◆ Note ✔ ou ✗
♣ ◆ + Note l'erreur.   *Exemple:* **a** 2 ~~jambon~~ soupe

5 **a** Recopie ces phrases pour composer un dialogue.
b Lis le dialogue avec ton/ta partenaire.

> Voilà. Qu'est-ce que vous prenez pour commencer?
> Et comme plat principal?   Et comme légumes?
> Je prends un jus de fruits.
> Et comme dessert?
> Une table pour une personne, s'il vous plaît.   Je prends la mousse au chocolat.
> Je prends le jambon.   Je prends le steak.   Je prends des frites.
> Qu'est-ce que vous prenez comme boisson?

6 **A toi!**   A deux, regardez le menu à 80 F et la carte (page 52). Inventez un dialogue.

E Une fête d'anniversaire

C'est aujourd'hui l'anniversaire d'Henri ...

Au parc d'attractions

1 Lis et écoute le dialogue.

2   **a** Lis l'extrait d'une lettre de Marc, un ami français.

b Note les lettres des choses mentionnées dans la lettre.

> Mon anniversaire, c'est le premier juillet. L'année dernière, j'ai reçu des cartes et beaucoup de cadeaux. J'ai reçu un vélo, un appareil-photo, des CD et des vêtements. Je suis allé dans une discothèque avec mes copains. C'était génial!
> Et toi, qu'est-ce que tu as fait pour ton anniversaire? C'était bien?
> Tu as reçu quels cadeaux?

a   **b**   **c**

d   **e**   **f**

3   Ecoute la cassette. Cinq jeunes parlent de leur anniversaire.

◆ Note les lettres des 2 ou 3 illustrations qui correspondent.

♣ ◆ + Note les cadeaux.

Phrases-clés
C'est quand, ton anniversaire?

Mon anniversaire, c'est le...	janvier février mars avril mai
premier deux trois	juin juillet août septembre
vingt vingt et un vingt-deux	octobre novembre décembre

L'année dernière,	
je suis allé(e)... au parc d'attractions	j'ai reçu... des cartes et des cadeaux
avec ma famille	
avec mes copains 🧍🧍 / 🧍🧍 / mes copines 🧍 🧍	

4   Demande à cinq camarades de classe:

C'est quand, ton anniversaire?

C'est le...

Tu as reçu quels cadeaux, l'année dernière?

J'ai reçu...

Vous pouvez inventer les cadeaux!

5   *A toi!*

Réponds à la lettre de Marc dans l'exercice 2. (Si tu veux, invente les détails!)

Stratégie
♣ Regarde aussi la page 41.
Exemple: **On a fait** un grand dîner...

F Qu'est-ce que tu fais le week-end?

A la soirée d'Henri

Phrases-clés			
Tu aimes le sport?	Oui,	je joue au badminton je fais de la natation	tous les jours
Tu aimes la musique?		je joue du piano je joue de la guitare	une fois par semaine
Tu aimes l'informatique?		je joue sur mon ordinateur	deux fois par mois
Qu'est-ce que tu fais le soir?/ le week-end?		je sors avec mes copains j'écoute de la musique	je vais en ville je regarde des vidéos

♣ J'ai commencé il y a ...   quatre ans   trois mois   deux semaines

il y a – ago

1 Jeu: «Loto»

a Choisis quatre images et écris les lettres.
b Ecoute la cassette. Coche (✔) tes lettres quand tu entends la phrase qui correspond.
c La première personne à cocher quatre lettres dit «Loto!».
d Répète le jeu.

2 Voici un extrait d'une lettre de ta correspondante, Nadine.

Lis la lettre, puis lis ces phrases.
◆ Ecris vrai ou faux.
♣ ◆ + Si la phrase est fausse, écris une phrase correcte.

1 Nadine n'aime pas le sport.
2 Elle joue souvent au badminton.
3 Elle joue de trois instruments de musique.
4 Nadine aime l'informatique.

Tu aimes le sport? Moi, je joue au badminton trois fois par semaine et au basket une fois par semaine. J'adore la musique. Toi aussi? Je joue de la guitare. J'ai commencé il y a trois ans. Je joue du piano tous les jours. Mon frère n'aime pas le sport. Il joue sur son ordinateur tous les jours. Moi, non. Je trouve ça ennuyeux! Et toi, qu'est-ce que tu fais le soir et le week-end?

Stratégie

Tu ne trouves pas les *mots exacts*? Pas de problème! Considère les *idées*.
Exemple:

1 Elle joue souvent au **badminton** et au **basket** = elle aime beaucoup le sport!
C'est logique!

 3 *A toi!* Ecris une lettre à Nadine. Réponds à toutes ses questions.

 4 **L'art de la conversation**
Imagine: tu rencontres un garçon ou une fille. Comment faire bonne impression?

Stratégies:

Pose des questions. ➔ A

Tu aimes le sport?

Oui, je joue au badminton une fois par semaine.

C'est génial.

Donne tes réactions. ➔ A

Et toi, tu joues au badminton?

Stratégies:

B

Ne réponds pas seulement «oui» ou «non». Donne des détails.

B

Pas de monologue! Pose des questions aussi.

Ecoute les trois conversations sur la cassette.
Dans chaque conversation, est-ce que le garçon fait bonne impression? (Oui/non)

  5 *A toi!* Et toi, tu fais bonne impression?
a ◆ Prépare cinq questions.
♣ Prépare huit questions.
b Imagine: tu rencontres quelqu'un (ton/ta partenaire) à une soirée.
Utilise les questions de l'exercice **a**.
Fais bonne impression!

G Ma famille

Pour continuer une conversation avec quelqu'un,
tu peux aussi poser des questions sur sa famille ou ses animaux...

Olivier — Tu as des frères ou des sœurs?

Sabine — J'ai une sœur qui s'appelle Corinne. Elle est mariée. Et toi? — Moi, non. Je suis enfant unique.

Julie — Moi, j'ai deux chiens et un oiseau. J'adore les animaux. Et toi, tu as un animal à la maison?

Adrien — Non, je n'ai pas d'animal. Mais j'aimerais avoir un chat.

Alice — Mes parents sont séparés. J'habite avec ma mère et mon frère. Il a quatorze ans. On ne s'entend pas très bien. Et toi?

Vanessa — Je suis enfant unique. Mais j'ai deux chats et des poissons! Et un cousin!

Christian — J'ai une sœur qui s'appelle Flavy. Elle a treize ans. On s'entend assez bien: elle est sympa. Et toi?

Pascal — Moi, je suis enfant unique. J'habite avec mon père, parce que mes parents sont divorcés.

1 **a** Lis et écoute les conversations.

b Regarde les images. C'est qui? *Exemple:* **a** Christian

Phrases-clés	
Tu as des frères ou des sœurs?	Non, je suis enfant unique.
Tu as des animaux?	Non, je n'ai pas d'animal.
j'ai un frère j'ai un cousin mon frère/il s'appelle... mon frère/il a dix-sept ans il est... marié séparé divorcé	j'ai une sœur j'ai une cousine ma sœur/elle s'appelle... ma sœur/elle a dix-sept ans elle est... mariée séparée divorcée
Mes parents sont... séparés divorcés	♣ J'ai une sœur qui s'appelle Anne.
On s'entend (assez) bien. On ne s'entend pas très bien.	
j'ai... un chien un chat un poisson un oiseau un lapin	

2 Recopie les questions et les réponses par paire.

Les questions
1 Tu es enfant unique?
2 Tu as un chat?
3 Il a quel âge, ton frère?
4 Tu as un animal à la maison?
5 Tu as des frères ou des sœurs?
6 Elle s'appelle comment, ta sœur?

Les réponses
a Oui, mon chat s'appelle Georges.
b Oui, j'ai trois sœurs.
c Non, je n'ai pas d'animal.
d Elle s'appelle Anne.
e Il a dix-neuf ans.
f Non, j'ai un frère et une sœur.

3 **L'art de la conversation**

a Quelle est la réponse la plus intéressante, A ou B?

1 Tu as des frères ou des sœurs?

A Oui.   Oui, j'ai un frère. Il s'appelle Nicolas.   B

2 Tu as des animaux?

A Non.   Non, ma mère n'aime pas les animaux.   B

Stratégie
Rappelle-toi!
• Ne réponds pas seulement «Oui» ou «Non».
• Donne des détails.
C'est intéressant.
Ça te gagne des points à l'examen.

b Pose les questions 1 et 2 à ton/ta partenaire. Ses réponses sont intéressantes?

4 Voici un extrait d'une lettre de ton correspondant, Jean-Luc.

a Ecris une description de la famille de Jean-Luc en anglais, pour ton ami(e) qui ne parle pas français.

b 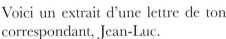 Réponds à Jean-Luc. Parle de ta famille et de tes animaux.
♣ Parle aussi de leur personnalité (voir page 21).

J'ai un frère et deux soeurs. Mon frère s'appelle Romain et il a vingt ans. Il est marié. Mes soeurs s'appellent Sabine et Marie-Laure. Elles ont treize et dix ans. Mon frère est amusant et vraiment sympa. On s'entend très bien. Mais mes soeurs sont bêtes. On ne s'entend pas bien. J'ai aussi deux lapins qui s'appellent Tic et Toc.

Stratégie
Tu ne comprends pas
'on s'entend bien'?
Cherche '<u>e</u>ntendre'

entendre vi to hear; to understand; s'~ vi to get on

H Atelier

Tu trouves cet article dans un magazine français.
Des jeunes donnent leur opinion de la mode.

Tu vas discuter de la question: **Que pensez-vous de la mode?**

Débat: que pensez-vous de la mode?

La question d'aujourd'hui:
A mon avis, la mode, c'est vraiment bête.
Vous êtes d'accord?
Qu'en pensez-vous?

Camille, 15 ans

Salut, Camille!
Je suis d'accord avec toi. Je n'aime pas la mode. Je préfère le look individuel.
Frédérick, 16 ans

Chère Camille,
Je ne suis pas d'accord avec toi. Moi, j'aime bien la mode. J'aime le look «cool».
Clara, 15 ans

Salut!
Je n'aime pas la mode. A mon avis, c'est bête. Acheter les vêtements de marque, c'est trop cher. Et les top-modèles sont trop minces!
Mathieu, 16 ans

Salut Camille!
Moi, j'aime bien la mode. Je trouve ça intéressant. J'adore regarder les top-modèles. Elles sont très belles.
Florence, 14 ans

Chère Camille,
Je ne suis pas d'accord. J'aime bien la mode. Pour moi, ce n'est pas sérieux. C'est amusant.
Paul, 17 ans

Préparation

1 Lis l'article.

   a Qui est *pour* la mode? Note les noms.

   b Qui est *contre* la mode? Note les noms.

   c Tu es d'accord avec qui? «Je suis d'accord avec...»

2 Recopie ces phrases. Fais deux listes: **pour** la mode et **contre** la mode.

Je n'aime pas la mode.

La mode, c'est bête.

La mode, c'est amusant.

J'adore regarder les top-modèles.

Je préfère le look individuel.

J'aime bien la mode.

J'aime le look «cool».

Les vêtements de marque, c'est trop cher.

Les top-modèles sont trop minces!

---

3 Ecoute des jeunes français: Julie, Marc, Agathe et Pierre.
Note si chaque personne est **pour** ou **contre** la mode.

Discussion

4 Discute des phrases de l'exercice 2 avec un(e) partenaire.

A
«La mode c'est bête.»
Je suis d'accord.

Moi, je ne suis pas d'accord.
B

5 **Débat! Que pensez-vous de la mode?**
Discute de la question dans un groupe de trois ou quatre.

Stratégie
Pour donner ton opinion:
A mon avis...
Je suis d'accord.
Je ne suis pas d'accord.

6 Ecris au magazine. Réponds à la question de Camille, page 60.

jouer to play			Other verbs which follow the same pattern:
je jou**e**	I play, I am playing	Je joue au foot.	
tu jou**es**	you play, you are playing	Tu joues du piano?	jou**er**, détest**er**, aim**er**,
il jou**e**	he plays, he is playing	Il joue très bien.	regard**er**, mang**er**,
elle jou**e**	she plays, she is playing	Elle joue au basket.	travaill**er**
on jou**e**	we play, we are playing	On joue aux cartes?	

être to be		**avoir** to have	
je suis	I am	j'ai	I have
tu es	you are	tu as	you have
il est	he is	il a	he has
elle est	she is	elle a	she has
on est	we are	on a	we have

aller to go		**faire** to make. to do	
je vais	I go, I am going	je fais	I do, I am doing
tu vas	you go, you are going	tu fais	you do, you are doing
il va	he goes, he is going	il fait	he does, he is doing
elle va	she goes, she is going	elle fait	she does, she is doing
on va	we go, we are going	on fait	we do, we are doing

1 Recopie et complète ces phrases.

1 Ma tante _____ très sympa.
2 J'_____ un chien qui s'appelle Rex.
3 On _____ des CD ce soir?
4 Le lundi, je _____ de la natation.
5 Il _____ à la pêche avec son frère.
6 Elle _____ un appartement à Paris.
7 Le week-end, il _____ du sport.
8 Je _____ assez timide.

est a fais va écoute suis ai fait

2 Combien de phrases peux-tu faire?

Est-ce que tu...
Moi, je...
A Noël, on...
Mon oncle...
Je...
Ma sœur...
Est-ce que tu...
Chez nous, on...

...regarde la télé, le soir.
...aime la musique.
...vais souvent à la patinoire.
...aimes la musique?
...déteste le sport.
...fais du sport?
...fait un grand repas.
...habite à Londres.

3 Réponds à ces questions pour toi, et pour un(e) ami(e).
Exemple:

Tu écoutes souvent la radio?

Moi	Mon amie
Oui, j'écoute souvent la radio.	Non, elle n'écoute pas souvent la radio.

1 Tu regardes la télé, le matin?
2 Tu vas au cinéma chaque semaine?
3 Tu habites au centre-ville?
4 Tu fais du ski?
5 Tu joues souvent au tennis de table?
6 Tu aides beaucoup à la maison?
7 Tu aimes faire du vélo?
8 Tu manges à la cantine du collège?

> Tu aimes le sport?
> Non, je **n'**aime **pas** le sport.

> Ta sœur joue au volley?
> Non, elle **ne** joue **pas** au volley.

4 Tu cherches un verbe dans le dictionnaire? C'est facile!

Stratégie

- «My mother works at Nestlé's.»
   ↓
- Ma mère _____ Nestlé.
   ↓
- **work** *vi* travailler.
   ↓
- travailler ⟶ elle travaille
   ↓
- Ma mère travaille chez Nestlé.

Complète ces phrases.

Exemple: **1** Pour aider mes parents, je lave la voiture.

1 Pour aider mes parents, je _____ la voiture.

wash *vt* laver

2 Le magasin _____ à quelle heure?

close *vt* fermer

3 Pendant la récréation, je _____ avec mes copains.

chat *vi* bavarder

4 Tu _____ dans une chorale?

sing *vi* chanter

Exemple: Il est neuf heures! Tu es en retard.

late... be ~ être en retard

5 Oui, tu _____. Le film commence à huit heures.

right... be ~ avoir raison

6 Ma sœur _____ pour gagner de l'argent.

babysit faire du baby-sitting

7 J' _____ quelques posters pour ma chambre.

need avoir besoin de

8 Tu _____? Tu veux un sandwich?

hungry... be ~ avoir faim

UNITE 4 Trois jours à Bruxelles

A Une chambre avec douche, s'il vous plaît

Regarde, il y a une liste d'hôtels à Bruxelles.

Super!

Hôtel du Moulin ★★★
118 chambres.
Restaurant. Télévision. Bar. Parking. Jardin.
Ascenseur. Piscine. Accessible aux handicapés.
Chiens admis.

Hôtel Argent ★★★
140 chambres.
Centre-ville. Restaurant. Télévision. Bar.
Piscine. Ascenseur. Parking.
Accessible aux handicapés. Chiens non
admis.

Hôtel du Pont ★★
23 chambres.
Centre-ville. Restaurant. Bar.
Télévision. Garage. Ascenseur.
Accessible aux handicapés.
Chiens admis.

Hôtel Jacquard ★
45 chambres.
Bar. Restaurant. Télévision. Garage. Chiens non
admis.

 1 Dans les brochures, il y a souvent des symboles. Recopie les définitions 1–9, et note la lettre du symbole qui correspond.

1 Il y a une télévision dans la chambre.
2 Il y a un restaurant à l'hôtel.
3 Il y a un parking à l'hôtel.
4 Il y a un ascenseur à l'hôtel.
5 Il y a un garage à l'hôtel.
6 Il y a un bar à l'hôtel.
7 «Chiens admis»
8 «Chiens non admis»
9 «Accessible aux handicapés»

 2 Trouve un hôtel pour ces touristes.

La famille Martin

M. et Mme Leclerc

Je préfère un petit hôtel.

Phrases-clés

 une clé

je voudrais une chambre	pour	trois nuits
je voudrais réserver une chambre		une personne/deux personnes
	avec un grand lit/avec deux lits	
	avec salle de bains/avec douche	
il y a	un parking un ascenseur	un garage un restaurant	à l'hôtel?
Vous avez la chambre 24.	Voilà votre clé.		

un ascenseur

 une douche

 3

a Lis et écoute ce dialogue.
b Jouez le dialogue à deux.
c Ensuite, changez-le selon les images.

 × 2

A   Bonjour. Je voudrais une chambre avec <u>salle de bains</u>.
B   C'est pour combien de personnes?
A   Pour deux personnes.
B   Avec deux lits ou un grand lit?
A   Avec <u>deux lits</u>.
B   C'est pour combien de nuits?
A   C'est pour <u>une nuit</u>.
B   Bien. Vous avez la chambre <u>onze</u>. Voilà votre clé.

---

4   Ecoute les cinq clients dans un hôtel. Recopie et remplis la grille, comme dans l'exemple.
♦ Complète les parties A, B, C, D.   ♣ Complète toutes les parties.

	A personnes	B nuits	C 	D	E	F	G Chambre N°
1	1	4				✔	18
2							

---

 5   **A toi!** Travaille avec un(e) partenaire. Tu es à la réception d'un hôtel. Demande une chambre/des chambres pour ta famille. Ensuite, changez de rôle.

6   Réserver une chambre, c'est simple! Lis cette lettre. Ensuite, change les mots <u>soulignés</u>.

 × 5

15-19 mai

> 31, avenue Brassens
> 17000 La Rochelle
> le 3 avril
>
> Monsieur/Madame,
>
> Je voudrais réserver une chambre pour <u>trois nuits</u>, du <u>3</u> au <u>6</u> mai. Je voudrais une chambre pour deux personnes, avec <u>un grand lit</u>, et avec <u>douche</u>.
>
> Je vous prie d'agréer, Monsieur/Madame, l'expression de mes sentiments distingués.
>
> *S Boudrier*
> Sabina BOUDRIER

B On prend le train

1 Rachid achète son billet de train.
Lis et écoute les dialogues.

A

Rachid Un aller-retour pour Bruxelles,
s'il vous plaît.
Employé En quelle classe?
Rachid En deuxième classe.
Employé Oui. Ça fait deux cents francs.
Rachid Merci.

B

Rachid Le train part à quelle heure?
Employé Il part à dix-huit heures
quarante trois.

Rachid C'est quel quai?
Employé Quai numéro trois.
Rachid Quai numéro trois. Merci.

C

Rachid Le train arrive à Bruxelles à
quelle heure?
Employé Il arrive à vingt et une heures.
Rachid Merci. C'est direct?
Employé Ah non, il faut changer à Lille.
Rachid Merci, Monsieur.

 un aller-simple

 un aller-retour

le quai

2 Quelle phrase dans les dialogues correspond à chaque image?
Exemple: **a** C'est quel quai?

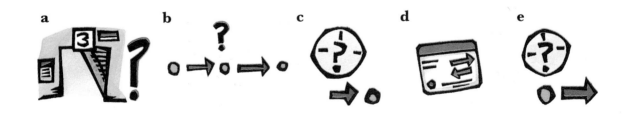

a   b   c   d   e

3 Tu vas entendre six mini-dialogues à la gare.
◆ Note la lettre de l'image qui correspond. *Exemple:* **1** a
♣ ◆ + Note les détails. *Exemple:* **1** a, numéro 1

Phrases-clés

Un aller simple pour Bruxelles.	Le train (pour Paris) part à quelle heure?
Un aller-retour pour Bruxelles.	Le train (pour Paris) part de quel quai?
En deuxième classe.	Le train arrive à Paris à quelle heure?
En première classe.	C'est direct? Non, il faut changer à Paris.

4 **a** Ecoute des annonces sur la cassette. Regarde le panneau «trains au départ».
Pour chaque annonce, note **vrai** ou **faux**.

TRAINS AU DÉPART

Destination	Heure de départ	Quai
Paris	13 h 47	1
Calais	14 h 19	3
Boulogne	14 h 52	7
Lyon	15 h 24	2
Bordeaux	15 h 44	5
Marseille	16 h 12	4

b Pose des questions à ton/ta partenaire:

A   Le train pour Bordeaux part de quel quai?   Quai numéro 5.   B

5 **a** A deux, lisez les dialogues
A, B et C à la page 66.

b Ensuite, jouez ces dialogues.

Stratégie

Pour apprendre un dialogue:

• Lis le dialogue.

• Ensuite, pose une gomme sur le
dialogue. Lis le dialogue.

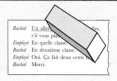

1 A

B   En quelle classe?

A **2**

B   Très bien.

A o➡o➡o**?**

B   Non, c'est direct.

2 A

B   Voilà.

A 🕐➡

B   A 15 h 30.

A 🗐?

B   C'est le numéro 2.

C Bruxelles pour le touriste

Voici une brochure avec des renseignements touristiques sur Bruxelles:

Visitez Bruxelles!

Le Bruparck

ouvert toute l'année
Le Bruparck est un centre de loisirs. Il y a des piscines et des restaurants, et 24 cinémas.
Au Bruparck, visitez **Mini-Europe**: les bâtiments célèbres de l'Europe en miniature!

Le musée de la Bande Dessinée

Vous aimez les bandes dessinées, par exemple Tintin? Visitez ce musée irrésistible pour les jeunes!
ouvert tous les jours sauf le 1er janvier, le 21 août, le 25 décembre

Autoworld

Une exposition de 400 voitures exceptionnelles.
Ouvert de 10 h à 17 h
Fermé le premier janvier

la Grande Place

Sur cette très belle place sont situés:
● l'Hôtel de Ville: ouvert 9 h 30 - 12 h 15, 13 h 45 - 16 h 00; fermé le lundi et le samedi
● le musée de la Bière: ouvert 10 h - 12 h, 14 h - 17 h tous les jours sauf le dimanche

Le jardin botanique

ouvert toute l'année

1 Tu comprends les mots des **Phrases-clés**?

Phrases-clés
une belle place
une exposition
un centre de loisirs
un bâtiment célèbre
un jardin botanique
une bande dessinée
ouvert
fermé
toute l'année
tous les jours
sauf

Stratégie

Tu ne trouves pas un mot dans le dictionnaire?
Regarde attentivement!
Exemple: **bande** *nf* band, strip; stripe; tape; ~ *dessinée* comic
strip; strip cartoon

C'est simple! ~ *dessinée* = **bande** dessinée

 2 Lis ces phrases.
- ◆ Pour chaque phrase, écris **vrai** ou **faux**.
- ♣ ◆ + Si la phrase est fausse, écris une phrase vraie.

1 On peut faire de la natation au Bruparck.
2 Le Bruparck est fermé à Noël.
3 L'Hôtel de Ville ferme à midi.
4 Le musée de la Bière est ouvert le dimanche.
5 Le musée de la Bande Dessinée est fermé à Noël.
6 On peut visiter Autoworld le premier janvier.
7 Le jardin botanique est ouvert tous les jours.

 **3** Ecoute Nathalie, Rachid, Hélène et Henri sur la cassette.
Note les réponses correctes: a), b) ou c).

1 Ils ne visitent pas l'Hôtel de Ville parce que...
   a) c'est ennuyeux   b) c'est trop cher   c) c'est fermé

2 Ils décident de visiter...
   a) le jardin botanique   b) le Bruparck   c) le musée de l'automobile

 **4** *A toi!*

a Travaillez à trois. Choisissez trois endroits à visiter.
Exemple:

A — Vous voulez visiter Autoworld?

B — Moi, je veux bien.

A — D'accord.

C — Moi, je préfère visiter le musée de la Bière.

B — Bonne idée!

b Qu'est-ce que tu aimerais visiter à Bruxelles? Choisis trois endroits.
   ♣ Ecris: Je voudrais visiter...
   ◆ Note aussi tes *raisons*.
   Exemple: Je voudrais visiter Le Bruparck, parce que j'aime faire de la natation.

D L'office du tourisme, s'il vous plaît?

1 Que demande Rachid? Pour chaque situation recopie la question qui correspond.
Exemple: **a** La piscine, s'il vous plaît?

Les situations
a Rachid va faire de la natation.
b Rachid va faire des courses.
c Rachid va regarder un film.
d Rachid va acheter un billet de train.
e Rachid voudrait des brochures touristiques.

Les questions
1 La gare, s'il vous plaît?
2 La piscine, s'il vous plaît?
3 L'office du tourisme, s'il vous plaît?
4 Le parc, s'il vous plaît?
5 Le cinéma, s'il vous plaît?
6 Le supermarché, s'il vous plaît?

2 **a** Recopie les questions avec les réponses qui correspondent.
Regarde les **Phrases-clés** pour t'aider.
b Ensuite, écoute la cassette et vérifie tes réponses.

1 La gare, s'il vous plaît?

2 Le cinéma, s'il vous plaît?

3 Le supermarché, s'il vous plaît?

4 L'office du tourisme, s'il vous plaît?

5 Le musée, s'il vous plaît?

6 La patinoire, s'il vous plaît?

Réponses

Tournez à droite au rond-point.
Prenez la deuxième à gauche.
C'est tout droit aux feux.
Tournez à gauche au carrefour.

Prenez la première à droite,
 puis la deuxième à gauche.
Prenez la première à gauche.

Phrases-clés		
c'est tout droit ,	... puis	
prenez prends	la première (1ère) la deuxième (2ème)	à gauche à droite
tournez tourne	à gauche à droite	au carrefour au rond-point aux feux

3 **Un voyage surprise!**

Regarde le plan de la ville.

Ecoute les instructions sur la cassette. Tu finis où?

Tu commences ici à chaque fois.

4 ***A toi!*** **Jeu: un voyage surprise!** Jouez à deux. Regardez le plan dans l'exercice 3. A donne des instructions. B dit la destination.

Exemple: A — Prends la deuxième à droite. B — La patinoire.

Ensuite, changez de rôle.

5 ***A toi!*** Ecris un voyage surprise pour un(e) autre camarade...

◆ ...avec le même plan.   ♣ ...dans ta ville.

Exemple: Ça commence au collège...

E A l'office du tourisme

📼 **1** **a** Lis et écoute les conversations.

✔️ **b** Ecoute d'autres touristes. Il y a un bus pour leur destination? (✔ ou ✗)
Si oui, c'est quel numéro?
   ◆ *Exemple:* **1** ✔ Nᵒ 3
   ♣ ◆+ Ecris la fréquence.   *Exemple:* **1** ✔ Nᵒ 3, × 15 min

🔊 **2** **A toi!**   Tu visites Paris. Demande des renseignements à ton/ta partenaire.
Ensuite changez de rôle. Tu veux visiter:

la Tour Eiffel

Notre Dame

l'Arc de Triomphe

Nᵒ 45   × 15 min

Nᵒ 24   × 10 min

Nᵒ 73   × 20 min

Phrases-clés	
Il y a un bus pour la gare?	Oui, c'est le numéro 2.
Les bus sont fréquents?	Il y a un bus toutes les 20 minutes.
Votre ticket, s'il vous plaît.	Voilà, Monsieur/Madame. J'ai perdu mon ticket.
Un carnet de tickets/un ticket pour la piscine, s'il vous plaît.	

 3 Prendre le bus en France ou en Belgique, c'est simple!

On peut acheter un ticket à l'avance, ou dans le bus. On peut acheter un carnet de cinq tickets à l'avance. C'est moins cher.

Dans le bus, il faut composter votre ticket dans la machine spéciale.

a C'est *possible* ou *nécessaire* en France?
Exemple: **1** C'est possible.

> on peut... - c'est possible
> il faut... - c'est nécessaire

1 Acheter un ticket à l'avance.
2 Acheter un ticket dans le bus.
3 Composter le ticket.
4 Acheter un carnet de tickets.

b Et chez toi? C'est *possible* ou *impossible*?

  4 **a** Forme des paires. *Exemple:* **1** d

1 Les bus sont fréquents?	**a** Oui, c'est le numéro cinq.
2 Un ticket pour l'hôtel de ville, s'il vous plaît.	**b** C'est devant la pâtisserie.
3 Il y a un bus pour l'hôtel de ville?	**c** Voilà, Monsieur.
4 Votre ticket, s'il vous plaît.	**d** Oui, il y a un bus toutes les dix minutes.
5 Où est l'arrêt de bus, s'il vous plaît?	**e** Six francs, s'il vous plaît.

b Tu prends le bus. Recopie les paires dans un ordre logique.

 c *A toi!* Jouez les dialogues à deux. Ensuite, changez les détails.

F Qu'est-ce que tu vas faire demain?

Nous sommes vendredi matin.

Pourquoi?

Je vais sortir avec Denise.

Qu'est-ce que tu vas faire ce soir, Henri?

C'est qui, Denise?

Ben, je vais aller à la patinoire avec toi, non?

Euh non. Je ne peux pas...

C'est une fille belge. Je l'ai rencontrée au café. Elle est vraiment sympa!

Attention!

hier * aujourd'hui demain

1 Lis la carte postale de Rachid à son cousin, Ali.
Quelles sont les images correspondantes?
Note les lettres dans l'ordre de la carte postale.

a b c

d e f

Salut Ali

Bruxelles est nyen!

Ce soir, je vais aller au cinéma avec Denise (une amie belge!).

Demain matin, je vais visiter l'hôtel de ville. Après ça, je vais manger au café. Demain après-midi, je vais faire de la natation au Bruparck avec Denise.

A bientôt,

Rachid.

Phrases-clés			
Qu'est-ce que tu vas faire?			
aujourd'hui	demain		aller... au cinéma
ce matin	demain matin		visiter... un musée
cet après-midi	demain après-midi		faire... de la natation
ce soir	demain soir	je vais	jouer... au basket
			regarder... la télé
après ça			manger... au café
			sortir... avec des copains

2 Recopie les phrases d'Hélène dans deux listes. *Exemple:*

> Demain après-midi, je vais visiter l'hôtel de ville.

> Ce matin, je vais aller au musée.

> Ce soir, je vais regarder un film.

> Demain matin, je vais aller au jardin botanique.

> Demain soir, je vais manger au restaurant.

> Cet après-midi, je vais aller à la piscine.

3
  a Ecoute la cassette. Cinq personnes parlent de leurs projets.
  ◆ Pour chaque personne, écris la lettre de l'image qui correspond.
  ♣ ◆ + Note *quand*: **M** (le matin), **A** (l'après-midi) ou **S** (le soir).

a **b** **c**

d **e** **f**

> **Stratégie**
>
> Attention!
> Il y a cinq personnes.
> Il y a <u>six</u> images.

  b Ecris une phrase pour chaque image a-f.

  Exemple: Demain, je vais jouer au tennis de table.
  ◆ Regarde les mots utiles.
  ♣ Ne regarde pas les mots utiles!

◆**Mots utiles**	
écouter visiter	du vélo de la musique
regarder	la télé un musée
jouer faire	sur mon ordinateur
	au tennis de table

4 *A toi!*

  a Tu es à Bruxelles. Qu'est-ce que tu vas faire?
  Recopie et complète cette carte postale.
  (Pour t'aider, regarde les pages 68 et 69.)

  69

  b Compare avec ton/ta partenaire.

> Bruxelles est super !
> Cet après-midi, je ...
> Ce soir, je ...
> Demain matin, je ...
> Demain soir, je ...
> A bientôt,
> ...

A

> Cet après-midi, je vais aller au jardin botanique. Et toi?

B

> Moi, je vais visiter la Grande Place.

G La banque et le bureau de poste

A En Belgique, on peut acheter des timbres dans <u>un bureau de poste</u>.

B En France on peut aussi acheter des timbres dans <u>un tabac</u>.

C Les <u>boîtes aux lettres</u> sont rouges en Belgique et jaunes en France.

D On peut changer de l'argent <u>dans une banque</u>.

ou dans un <u>bureau de change.</u>

1 Lis les Renseignements pour touristes. C'est comme ça chez toi?
◆ Note **oui** ou **non**. *Exemple:* **A** oui
♣ ◆+ Si c'est **non**, écris des détails corrects.

2 Recopie les questions pour chaque situation:
1 Tu veux envoyer une lettre.
2 Tu veux changer de l'argent.

Questions

> Il y a une banque près d'ici?
> Il y a un tabac près d'ici?
> Il y a un bureau de change près d'ici?
> Il y a un bureau de poste près d'ici?
> Il y a une boîte aux lettres près d'ici?

Phrases-clés		
je voudrais changer	trente livres sterling	des chèques de voyage
Voilà mon passeport.		
je voudrais envoyer	une lettre une carte postale	en Grande-Bretagne en Irlande du Nord
C'est combien?		
trois timbres pour	la Grande-Bretagne	l'Irlande du Nord

 3 **a** Lis et écoute ces dialogues. Ils correspondent à quelles images?

  b Ecris une phrase pour les autres images.

1
- Quatre timbres pour la Grande-Bretagne, s'il vous plaît.
- Ça fait douze francs.
- Il y a une boîte aux lettres près d'ici?
- Oui, au coin de la rue.

2
- Je voudrais changer des chèques de voyage.
- Oui. Vous avez une pièce d'identité?
- Voilà mon passeport.
- Merci.

3
- Je voudrais envoyer une carte postale en Irlande du Nord.
- Oui.
- C'est combien?
- C'est trois francs.

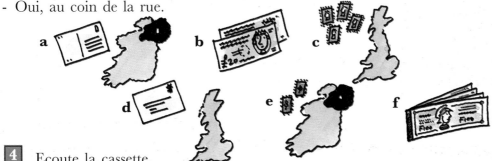

 4 Ecoute la cassette.

◆ Où sont les clients? Note: **B** (à la banque) ou **P** (au bureau de poste).

♣ ◆ + Note les détails. *Exemple:* **1** B £40 → FF

 5 *A toi!*

Joue ces dialogues avec un(e) partenaire. Ensuite, invente d'autres dialogues.

1 A

B Oui. Vous avez une pièce d'identité?

A

B Merci.

2 A

B Oui.

A

B C'est 3 francs.

3 A

B Ça fait 9 francs.

A

B Oui, au coin de la rue.

H Atelier

La situation

On organise une conférence internationale pour les jeunes. Il faut choisir une ville. On propose votre ville/une ville près de chez vous.
C'est une bonne idée? A vous de décider!

Préparation

1 Ecoute des jeunes français. Ils discutent la question: organiser la conférence dans *leur* ville, c'est une bonne idée?

◆ Note leur conclusion: **oui** ou **non**.
♣ ◆ + Donne deux raisons, ou plus.

2 Trois jeunes décrivent leur ville.
Quelle ville est-ce que tu recommandes pour la conférence?
◆ Je recommande...
♣ Je recommande..., parce qu'il y a...

A Marelles, il y a beaucoup de choses pour les jeunes. Au centre-ville, il y a trois cinémas et une piscine. Il y a beaucoup de restaurants aussi. Mais il n'y a pas de gare.

Méziers est une grande ville. Il y a une gare SNCF, une gare routière et un petit aéroport. Mais, malheureusement, il n'y a pas grand-chose pour les touristes.

A Villeneuve, il y a une gare et un aéroport. Le soir, c'est vraiment bien. On peut aller au cinéma, à la patinoire, ou à la discothèque. Il y a beaucoup de bons hôtels.

Au travail!

3 • Travaillez en groupes de trois ou quatre.
• Discutez les questions suivantes.
• Prenez des notes.

a **Votre ville, c'est bien pour les touristes en général?**

Faites deux listes. Par exemple:

Pour	Contre
Notre ville est bien pour les touristes, parce que ...	Notre ville n'est pas bien pour les touristes, parce-que ...
- Il y a cinq hôtels dans le centre-ville.	- Il n'y a pas de gare.
- On peut visiter le musée.	

b **Votre ville, c'est bien pour les jeunes en particulier?**

Faites deux listes. Par exemple:

Pour	Contre
Notre ville est bien pour les jeunes, parce que ...	Notre ville n'est pas bien pour les jeunes, parce que ...
- Il y a une discothèque	- Le cinéma, c'est trop cher.
- On peut aller à la patinoire	- C'est ennuyeuse le soir.
	- Il n'y a rien à faire pour les jeunes.

c **Votre groupe décide: une conférence pour les jeunes dans votre ville, c'est une bonne idée? Votez «oui» ou «non».**

4 Ecrivez votre conclusion pour les organisateurs de la conférence. Donnez vos raisons.

Exemple:

Idée!

Si possible, écrivez votre texte sur ordinateur. N'oubliez pas de vérifier votre texte. Corrigez vos erreurs.

Une conférence internationale à Enneville

Enneville est idéale pour les touristes.

A Enneville, il y a quatre hôtels. Dans le centre-ville, il y a six restaurants.

4 Cocktails d'été

OURS BRUN
Mélanger:
- 25 cl de jus d'orange
- 25 cl de coca cola

 mélanger

 eau gazeuse

 des abricots

TEA FOR TWO
Mélanger:
- 30 cl de thé froid
- 40 cl de jus d'abricots
- 30 cl d'eau gazeuse

BANACAO
Mixer:
- une banane
- un demi litre de lait
- deux cuillerées à cafe
  de cacao en poudre

mixer

une cuillerée à café

DRINK FRAISE
- 500 g de fraises
- 200 g de glaçons
- 1 citron
- 3 oranges
- 1 demi-litre d'eau gazeuse

des fraises

un citron

des glaçons

Mixer les fraises. Ajouter le jus du citron et les oranges, les glaçons et l'eau gazeuse.

- Quel cocktail préfères-tu?
- Invente d'autres cocktails.

Jeu: les nombres de l'amitié

Calcule le nombre spécial pour toi et ton ami(e)

Ton ami, c'est un <u>vrai</u> ami? Ta copine, c'est une <u>bonne</u> amie?

Voici un jeu simple et sympa pour le savoir...

COMMENT JOUER?

○ **Ecris ton nom et le nom de ton ami(e).**

Par exemple:
Sandra Delarue
Pascal Moreau

○ **Compte combien de lettres vous avez en commun.**

Pour notre exemple, les lettres communes sont le S, le A, le E, le L, le R et le U. Au total, 6 lettres. Donc, le nombre de l'amitié, c'est 6.

○ **Ensuite, consulte le tableau pour savoir si c'est un(e) bon(ne) ami(e).**

Les nombres de l'amitié...

Entre 0 et 1
Vous êtes très différents, l'un de l'autre. Mais ça, c'est bien. C'est plus intéressant!

Entre 2 et 3
Vous vous entendez assez bien. Vous sortez souvent, et c'est génial. Mais vous n'êtes pas «meilleurs amis»: vous avez d'autres bons amis aussi.

Entre 4 et 5
Vous êtes de bons amis. Vous sortez souvent ensemble, et vous vous amusez bien. Vous vous disputez de temps en temps, mais ça, c'est naturel.

Entre 6 et 7
Vous êtes de bons amis et vous vous entendez très bien ensemble. Vous vous disputez rarement, et ce n'est jamais sérieux.

8 et plus
Vous avez de la chance! Vous êtes de très bons amis, et ça va continuer comme ça. Vous ne vous disputez jamais: vous êtes en parfaite harmonie!

L'invité modèle

A Nathalie fait les courses

> Lucien arrive demain! Tu sais? Le garçon de Super-Roche.

> Ah oui. On va préparer un repas spécial!

> Je voudrais cinq cents grammes de filet de bœuf, s'il vous plaît.

> C'est tout?

> Oui. C'est combien?

> Alors, cinq cents grammes de carottes, s'il vous plaît.

> Au marché

> Un kilo de pommes de terre et deux cents grammes de champignons.

> Je regrette, je n'ai pas de champignons.

 **1** Lis les dialogues et écoute la cassette. Ecris les prix.

 2 **a** Ecoute les quatre personnes sur la cassette. Qu'est-ce qu'elles achètent?
   ◆ Note la lettre du produit.
   ♣ ◆ + Ecris la quantité.

Les quantités

un kilo de...
une bouteille de...
trois cents grammes de...
un paquet de...

Les produits

a pommes de terre   **e** carottes

b bœuf   **f** chips

c biscuits   **g** champignons

d limonade   **h** vin blanc

 b Fais correspondre les quantités avec les produits.
   Exemple: une bouteille de limonade

Phrases-clés		
un kilo	de bœuf	de pommes de terre
cinq cents grammes	de jambon	de haricots verts
un paquet	de biscuits	de chips
une bouteille	de vin	de limonade
Je regrette, je n'ai pas de champignons.		
Alors, deux cents grammes de carottes.		
C'est tout. C'est combien?		

 3 **Il y a un problème?**

Regarde le dialogue «Au marché», page 82.
Complète ces phrases:
1 Nathalie veut acheter...
2 Elle achète...

Stratégie
Problème: «Il n'y a pas de champignons.»
Solution: Demande autre chose:
«Alors, 500g de carottes.»

 4 Regarde la publicité.
Nathalie veut acheter ces
produits. Ecris sa liste
de provisions. *Exemple:*

liste de provisions
un paquet de...

Offres spéciales

4 F les 500g

3 F 50

11 F 60

7 F

58 F le kilo

5 Ecoute la cassette.
Nathalie fait les courses.

◆Coche sur ta liste les
produits qu'elle <u>achète</u>.

♣ ◆ +Ecris les autres
produits qu'elle achète.

6 *A toi!*

A deux, jouez ces dialogues.
Ensuite, changez les dialogues.

A   Vous désirez?
B   *Demandez:* →
A   Voilà. C'est tout?
B   *Demandez:*
A   Voilà.
B   *Demandez le prix.*

A   Vous désirez?
B   *Demandez:* 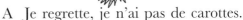 1 kg
A   Je regrette, je n'ai pas de carottes.
B   *Demandez autre chose.*
A   Voilà.
B   *Demandez le prix.*
A   Ça fait 6 F.
B   *Remerciez le vendeur/ la vendeuse.*

B L'invité poli

 1 Lis et écoute le dialogue.

Stratégies
Pour t'aider à comprendre les mots:
• pense à la situation   (qu'est-ce qu'on dit normalement?)
• pense aux mots similaires en anglais   (*voyage* ⟶ *voyage, journey*)
• regarde dans le dictionnaire, si nécessaire.

 2 Recopie ces phrases avec les lettres des images qui correspondent.
Exemple: **1** Je peux prendre un bain? = e

Phrases-clés
1 Je peux prendre un bain?
2 Je peux prendre une douche?
3 Je peux téléphoner chez moi?
4 Je peux avoir du savon?
5 Je peux avoir du dentifrice?
6 Je peux avoir une serviette?

 3 Tu vas entendre cinq invités sur la cassette. Note les lettres des images de l'exercice 2 dans le bon ordre.
Exemple: a, …

4 Travaillez à deux.

A pose la question. B répond: «Bien sûr». Ensuite, changez de rôle.

Tu demandes à ton/ta correspondant(e):

Tu demandes à la mère de ton/ta correspondant(e):

Stratégie
Rappelle-toi! Pour être poli(e), il faut dire *please*.
s'il te plaît
- à ta famille
- à un(e) jeune
- à un(e) adulte qui est un(e) ami(e)
s'il vous plaît
- aux autres adultes.

 5 Comment être un(e) invité(e) idéal(e)?
Voici des suggestions:

Quand tu arrives... **tu es poli(e)**	**Pendant ton séjour...** **tu offres d'aider**	**Quand tu pars...** **tu remercies ton hôte(sse)**
- Je te présente mon père.	- **Je peux vous aider, Madame Lebrun?**	- Au revoir. Et bon retour.
- **Bonjour, Monsieur.**	- Ah, c'est gentil.	- **Au revoir, Madame. Et merci beaucoup.**
- Bienvenue chez nous!	- **Je mets la table?**	
	- Oui, s'il te plaît.	

Ecoute les six invités. Pour chaque personne, note si c'est un invité idéal .(✔ ou ✗)

Phrases-clés	
Je te présente mon père/ma mère.	Bonjour, Monsieur/Madame.
Je vous présente mon ami.	
Je peux vous aider?	Oui, c'est gentil.
Bienvenue. Tu as fait bon voyage?	Oui, merci.
Je peux avoir du savon s'il te plaît/s'il vous plaît?	Oui, bien sûr.
Au revoir. Et merci beaucoup.	

A deux, inventez des conversations.
Il faut être un(e) invité(e)/un(e) hôte(sse) idéal(e).

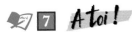

Tu as passé un très bon week-end chez ton correspondant, Marc Dupré.
Lis la lettre de Lucien. Ecris une lettre similaire à la mère de Marc.

> Lyon
> le 18 mars
> Chère Madame Chardon,
> Merci beaucoup pour votre hospitalité.
> J'ai passé un très bon séjour chez vous.
> Amicalement,
> Lucien

C A table

Speech bubbles:
- Tu veux encore de la soupe, Lucien?
- Non, merci. Mais c'était délicieux.
- Et toi, Nathalie?
- Oui, je veux bien.
- Et voilà ma spécialité: un rôti de bœuf.
- Oh... je regrette. Je n'aime pas la viande. Je suis végétarien!
- Je peux avoir du pain, s'il vous plaît?
- Voilà.

1 Lis et écoute le dialogue. En général, est-ce que Lucien est *poli* ou *impoli*?

2 Etre un(e) invité(e) poli(e), c'est simple!
Voici des réponses polies
Ecoute les six invités.
Note ✔ (poli(e))
Note ✗ (pas poli(e))

> **Phrases-clés**
>
> Vous aimez le chou-fleur?
> Tu aimes les petits pois?
>
> J'aime bien... les champignons.
> J'adore... les frites.
> Je regrette, mais je n'aime pas... les oignons.

3 Tu aimes ces choses?
◆ Regarde les images et écris deux listes.
♣ ◆ + Ajoute quatre autres choses à tes listes.

Exemple:

J'aime...
les frites

Je n'aime pas...
le chou-fleur

la viande (le porc, le steak, etc)   les petits pois   les champignons   les frites

les oignons

le chou-fleur   les biscuits au chocolat

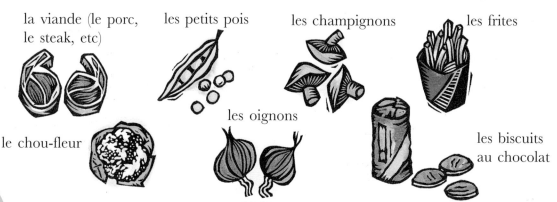

69 **4** Pose des questions à un(e) partenaire. Il/elle doit donner des réponses <u>polies</u>.
Exemple:

A
Tu aimes le poulet?

B
Oui, j'adore le poulet.

ou

B
Je regrette, mais je n'aime pas le poulet.

Phrases-clés	
Je peux avoir du pain... Je peux avoir de l'eau...	...s'il te plaît? ...s'il vous plaît?
Tu veux de la soupe? Tu veux encore de la viande?	Oui, je veux bien. C'est délicieux/très bon.
	Non, merci. Mais c'était délicieux.
	Je regrette, mais je n'aime pas la viande. Je suis végétarien/végétarienne.

5 *Demander, accepter* et *refuser* d'une manière polie, c'est simple!

Cette invitée est très impolie. Adapte les phrases et écris des phrases polies.

1 «Tu veux encore de la soupe?»
  «**Oui. D'accord.**»

2 «Tu veux des haricots verts?»
  «**Non, je n'aime pas ça!**»

3 «Tu veux encore du poulet?»
  «**Non.**»

4 «**Madame Leblanc, donnez-moi du pain.**»

5 «**Maryse, donne-moi de l'eau.**»

Stratégie
Rappelle-toi: pour être poli(e), il faut dire «please»: s'il te plaît/s'il vous plaît

69 **6** *À toi!*

Tu as invité ton/ta partenaire à dîner. Travaillez à deux. Inventez la conversation.
◆ Pour vous aider, regardez ces questions.
♣ Ne regardez pas les questions.

Questions: l'hôte(sse)

- Tu veux ?

- Tu aimes ?

- Tu veux encore ?

Questions: l'invité(e)

- Je peux avoir , s'il te plaît?

- Je peux avoir , s'il te plaît?

D Les films et le cinéma

Dracula Film d'horreur 21 h 00

CHARLOT FILM COMIQUE DE CHAPLIN 19H30

La guerre des étoiles Film de science-fiction 19 h 45

Pocahontas de Disney Dessin animé 17 h 00

Roméo et Juliette Film d'amour 20 h 30

Hercule Poirot de Agatha Christie Film policier 18 h 30

Robinson Crusoë Film d'aventures 20 h 15

 1 C'est quel film? Ecris le nom.

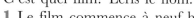
1 Le film commence à neuf heures. *Exemple*: C'est *Dracula*.
2 Le film commence à six heures et demie.
3 Le film commence à huit heures moins le quart.
4 Le film commence à cinq heures.
5 Le film commence à huit heures et quart.

2 **Jeu: Hésitation interdite**
• A dit un genre (= une sorte) de film.
• B dit le nom d'un film. Il/elle ne doit pas hésiter.

A

Un film de science-fiction.

B

Robocop.

 3 Ecoute la cassette.
 ◆ Nathalie aime quels genres de film?
♣ ◆ + Et Lucien?

Phrases-clés		
tu aimes...?	les films policiers	les films comiques
j'adore	les films d'horreur	les films d'aventures
j'aime beaucoup	les films d'amour	les dessins animés
je n'aime pas	les films de science-fiction	

4 *A toi !*

Ton/ta partenaire aime quels genres de film? Pose-lui des questions.

Exemple:

A

> Tu aimes les films d'amour?

B

> Non, je déteste les films d'amour.

ou

B

> Parfois. Ça dépend.

5 Nathalie et Lucien vont au cinéma.

a Lis et écoute le dialogue.

b Joue le dialogue avec un(e) partenaire.

Nathalie	Bonjour, Madame. Le film commence à quelle heure, s'il vous plaît?
La femme	A dix neuf heures quinze.
Nathalie	Il y a une réduction pour les jeunes?
La femme	Oui, les places coûtent vingt-cinq francs.
Nathalie	Alors deux billets, s'il vous plaît.
La femme	Voilà, Mademoiselle.
Nathalie	Et le film finit à quelle heure?
La femme	A vingt et une heures.
Nathalie	Merci.

Phrases-clés

Deux billets pour Dracula, s'il vous plaît.
Le film commence à quelle heure?
Le film finit à quelle heure?
Il y a une réduction pour les jeunes?
Les places coûtent trente francs.

Blague
- Deux billets pour le film, s'il vous plaît.
- C'est pour Roméo et Juliette?
- Non, c'est pour mon amie et moi.

6 Ecoute les quatre dialogues au cinéma. Note les détails.

♦ Réduction?　　✔ ou ✗　　　　　♣ Réduction?　　✔ billet = ... F *ou* ✗
　Commence à 　... h ...　　　　　　　Commence à 　　... h ...
　　　　　　　　　　　　　　　　　　Finit à 　　　　　... h ...

7 *A toi !* Travaillez à deux.

a Jouez ces dialogues.

b Inventez d'autres dialogues pour des films que vous aimez.

1

A 2x  - *Hercule Poirot*

B Oui, Monsieur/Mademoiselle.

A finit ?

B A 21 h 00.

A Merci beaucoup.

2

A Commence ?

B A 19 h 15

A Réduction?

B Oui, les places coûtent 20 F

A 3x

E Un film extraordinaire

1 Quelle description va avec quel poster? Ecris les numéros et les lettres.

1

> C'est un film de science-fiction. Ça se passe en Amérique en 2099. C'est l'histoire d'un homme qui s'appelle Miko. Il a vingt ans. Il est moitié homme, moitié machine. C'est formidable!

2

> C'est l'histoire d'un enfant et un chien. L'enfant s'appelle Simon et le chien s'appelle Toutou. C'est un film d'aventures. C'est très drôle, mais parfois un peu triste.

3

> C'est un film policier, avec Mireille Laval. Ça se passe en France. C'est l'histoire d'une femme qui est agent de police. C'est un film super, mais violent.

4

> C'est un film d'amour. Ça se passe en Angleterre. C'est l'histoire d'une fille et un garçon. Ils ont 16 ans. Ils sont amoureux, mais ils ont un problème: les parents. C'est un film triste. C'est un peu long et parfois ennuyeux.

Stratégie
Il n'est pas nécessaire de comprendre chaque mot. Cherche les mots importants. *Exemple:* 4 amour, fille, garçon, 16 ans

A — Une erreur d'identité — sortie: juillet

B — Monsieur Lefort — avec Paul Mack et Julie Day

C — Pour toujours — Un amour vainqueur... qui est pour toujours

D — Amis pour la vie — "Une histoire formidable. J'ai ri et j'ai pleuré."

Phrases-clés

c'est l'histoire	d'un homme d'une femme d'un enfant	c'est un film d'amour (etc) avec Gérard Depardieu

il/elle s'appelle...
ça se passe en France
      en Amérique
      en Angleterre
		c'est un film formidable
		            super
		            drôle
		            triste
		            ennuyeux

♣ C'est l'histoire d'un enfant qui s'appelle Simon.

 2 Tu lis ces articles dans un magazine. Quel film préfères-tu? Pourquoi?

La Mutante ★★★★

C'est un film de science-fiction. Ça se passe en Amérique. C'est l'histoire d'une fille qui s'appelle Sil. Elle est une extra-terrestre. C'est un film formidable.

Assassins ★★★

C'est un film d'aventures avec Sylvester Stallone. C'est l'histoire de deux hommes et une femme. C'est un film super, mais violent.

★★★★	C'est un film extraordinaire
★★★	C'est un très bon film
★★	C'est un bon film
★	C'est un mauvais film

Stratégie

♣ Pour avoir des points à l'examen, écris des phrases plus longues.

Exemples:

C'est l'histoire d'un chien **qui s**'appelle Toutou. Il rencontre un garçon **qui s**'appelle Jules.

♣ Adapte cette description d'un film. Utilise le mot «qui»:

C'est l'histoire d'une femme. Elle s'appelle Marie. Elle a un chat. Il s'appelle Minou. Marie rencontre un homme. Il est vampire.

 3 *A toi!* Tu es critique de cinéma.
◆ Ecris un article sur un film.
♣ Ecris un article sur deux films différents.
Pour t'aider, relis toutes les descriptions des films.

Bonne Idée!

Ecris tes articles sur ordinateur.

Fais une brochure sur le cinéma, avec les articles de ta classe.

F Atelier

SOS Amour   SOS Amour   SOS Amour   SOS Amour   SOS Amour

Explique tes problèmes à Claire.
Elle va t'écouter et t'aider à trouver une solution.

Mes amis ne l'aiment pas

Chère Claire,

Voici mon problème.

J'aime une fille, et j'aimerais sortir avec elle. J'hésite pour une raison stupide. Mes copains disent qu'elle est bête. Mais moi, je la trouve vraiment sympa.

Peux-tu m'aider?

Mathieu

J'aime le mec de ma meilleure amie

Chère Claire,

Voilà, j'ai un très gros problème.

Je suis amoureuse du petit copain de ma meilleure amie, Stéphanie. Je suis si malheureuse. Mais eux, ils sont heureux.

Est-ce que je dois dire à Stéphanie que je suis amoureuse de son mec?

Pascaline

Je suis trop timide

Chère Claire,

Je suis amoureux d'une fille super bien. Elle est belle, intelligente, elle a plein d'amis. J'aimerais sortir avec elle, mais je suis trop timide. J'ai peur qu'elle me refuse.

Aide-moi!

Sébastien

A

Si tu ne parles jamais à cette fille, tu ne vas jamais sortir avec elle!

Organise une sortie avec des copains, par exemple à la discothèque. Invite la fille à venir avec vous. Ensuite, à la discothèque, tu danses avec elle... C'est simple.

Allez, bon courage!

B

Tu as raison. C'est stupide d'hésiter à cause de tes amis. Ils ne vont pas sortir avec cette fille: c'est toi qui vas sortir avec elle! Alors, ne fais pas attention à leurs opinions.

C

Tu es jalouse, c'est tout!

Ton amie et son copain sont heureux ensemble. Ce garçon ne s'intéresse pas à toi. Si tu ne veux pas perdre ton amie, oublie ce garçon.

Tu vas trouver quelqu'un d'autre.

Tu lis un magazine pour les jeunes.
Tu trouves les lettres à la page 92.

I a Lis les lettres et les réponses.
Quelle réponse va avec quel
problème?

> **le langage des jeunes:**
>
> le mec - le garçon
> super bien - super, très sympa
> plein de - beaucoup de

> **d'autres mots utiles:**
>
> amoureux/euse de - in love with
> eux - they
> j'ai peur - I'm afraid
> tu as raison - you're right
> perdre - to lose

b Tu es d'accord avec les réponses? Ecris **oui** ou **non**.

2 Voici d'autres réponses aux problèmes.
a On parle à qui: à Mathieu, à Pascaline ou à Sébastien?
b Tu es d'accord avec les réponses? Ecris **oui** ou **non**.

D
> Tu aimes ce garçon? Alors, il faut
> lui demander de sortir avec toi!

F
> Oublie la fille. Elle est vraiment super?
> Alors elle a probablement déjà un petit copain!

E
> Tes copains ont probablement
> raison. Oublie la fille!

3 Tu préfères quelle réponse pour chaque personne? Ecris tes réponses:
Pour le problème de..., je préfère la réponse...

4 En groupe, inventez un problème. Ecrivez une lettre à un magazine. Pour vous
aider, regardez les lettres de la page 92.

◆♣

	joué		played
j'ai	**regardé**	*I*	*watched*
tu as	**visité**	*you*	*visited*
il a	**écouté**	*he*	*listened*
elle a	**mangé**	*she*	*ate*
on a	**dansé**	*we/they*	*danced*
	fait		*did/made*

Exemples:

Samedi dernier, j'ai joué au foot.
Tu as regardé le film hier soir?
En vacances, il a visité des musées.
Vendredi matin, elle a écouté des CD.
Hier, on a fait du vélo.

	je suis allé	*I went*
	je suis allée	*I went*
	tu es allé	*you went*
	tu es allée	*you went*
	il est allé	*he went*
	elle est allée	*she went*
	on est allé	*we/they went*

Je suis allé au parc.
Je suis allée en France.
Tu es allé en Italie?
Tu es allée au cinéma, hier?
Il est allé à la piscine.
Elle est allée chez ses grands-parents.
On est allé à la pêche.

♣ D'autres verbes avec **avoir**:

j'ai parlé avec mes amis	*I talked to my friends*	**j'ai quitté** la maison à midi	*I left the house at midday*
j'ai fini mes devoirs	*I've finished my homework*	**j'ai perdu** mon livre	*I've lost my book*
j'ai mis un T-shirt	*I put a T-shirt on*	**j'ai pris** des photos	*I took some photos*
j'ai écrit une lettre	*I wrote a letter*	**j'ai vu** des copains	*I saw some friends*
j'ai bu du lait	*I drank some milk*	**j'ai lu** un magazine	*I read a magazine*

Quelques verbes avec **être**:

je suis allé(e) en ville	*I went into town*	**je suis sorti(e)** avec des amis	*I went out with some friends*
je suis rentré(e) à minuit	*I got home at midnight*	**je suis resté(e)** à la maison	*I stayed at home*

1 Ecris les mots dans le bon ordre pour faire des phrases.

1 tu fait as hier Qu'est-ce que?
2 Hier, basket joué j'ai au.
3 regardé télé Tu la as?
4 Je amis allé chez suis des.
5 musique a de écouté On la.
6 Ma fait a la sœur de natation.

2 Regarde ces images. Ecris la description de tes vacances.

Exemple: En vacances, j'ai mangé des pizzas au restaurant.

3 Recopie et complète cette conversation.

Salim: Qu'est-ce que tu as _____ samedi?

Nadia: Samedi après-midi, j'ai _____ un bon film au cinéma.

Salim: Le film a _____ à quelle heure?

Nadia: A quatre heures. Ensuite, je suis _____ chez moi. J'ai _____ le bus. Et toi? Tu es _____ avec tes amis?

Salim: Non. Moi, je suis _____ à la maison. J'ai _____ des lettres et j'ai _____ un livre.

écrit   rentrée   lu   pris   vu   fait   fini   sorti   resté

4 **a** Lis ces descriptions. Qui a passé un week-end *actif*, Nabila où Jérôme?

Le week-end dernier, je suis allé chez mon père. Vendredi soir, on est allé au cinéma ensemble. Samedi matin, je suis sorti avec des copains. On a bu un coca au café et, ensuite, on a fait du vélo. J'ai pris beaucoup de photos. C'était génial. Je suis rentré vers six heures. Samedi soir, j'ai mangé au restaurant avec mon père.

Jérôme

Samedi après-midi, j'ai vu un bon film à la télé. Après ça, j'ai invité des copines. On a parlé et on a écouté des cassettes. Dimanche, je suis restée à la maison. J'ai lu des magazines. C'était un peu ennuyeux.

Nabila

b Et toi. Qu'est-ce que tu as fait le week-end dernier? Ecris la description.

Stratégie	
Emploie des expressions utiles, comme Nabila et Jérôme.	
Exemples:	
le week-end dernier...	*last weekend...*
vendredi soir...	*on Friday evening...*
samedi matin...	*on Saturday morning...*
dimanche après-midi...	*on Sunday afternoon...*
après ça,...	*after that,...*
ensuite,...	*then,...*

A La visite du médecin

1 Lis et écoute le dialogue.

Tu es d'accord avec Nathalie: Lucien est égoïste?

égoïste - **selfish**

Phrases-clés		
j'ai mal	à la main	
	à la tête	
	à la jambe	
	à la gorge	
	au pied	
	au ventre	
	au dos	
	au bras	
	au genou	
depuis	deux jours	
	une semaine	
	deux semaines	
voilà une ordonnance		
restez au lit		

2 **a** Ecoute les six malades. Note la lettre de chaque personne. *Exemple:* **1** d

b Ecoute une deuxième fois. Ils sont malades depuis combien de temps?
Exemple: **1** d - 2 jours

a   b   c   d   e   f   g   h   i

3 **a** Ecris une phrase pour chaque personne de l'exercice 2.
Exemple: **d** J'ai mal à la tête depuis deux jours.
- ◆ Regarde les **Phrases-clés**.
- ♣ Regarde les **Phrases-clés** *après*, pour vérifier.

b Ecris les lettres dans l'ordre de durée.
Commence par la durée **la plus longue**: c (= 6 semaines).

> durée - duration, length

4 *A toi!* **Jeux de rôle**
Travaille avec un(e) partenaire.

1	
A	*Saluez le médecin.*
B	Ça ne va pas?
A	
B	C'est tout?
A	
B	Ça fait mal depuis longtemps?
A	
B	Restez au lit.
A	*Remerciez le médecin.*

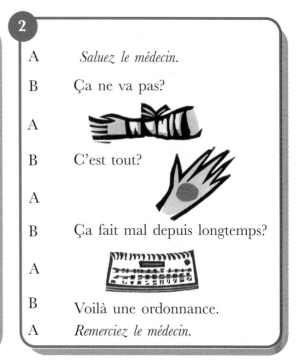

2	
A	*Saluez le médecin.*
B	Ça ne va pas?
A	
B	C'est tout?
A	
B	Ça fait mal depuis longtemps?
A	
B	Voilà une ordonnance.
A	*Remerciez le médecin.*

B Quel est ton style de vie?

1 Tu te lèves à quelle heure, le dimanche matin?

   a) *Je me lève à sept heures.*
   b) *Je me lève à neuf heures et demie.*
   c) *Je me lève à midi.*

2 Qu'est-ce que tu fais quand il fait beau?

   a) *Je joue au tennis au club.*
   b) *Je lis dans le jardin.*
   c) *Je téléphone à des copains. On va au parc, ou on fait du sport.*

3 Qu'est-ce que tu fais quand il pleut?

   a) *Je fais de la natation.*
   b) *J'écoute de la musique.*
   c) *J'invite des copains. On regarde des vidéos.*

4 Qu'est-ce que tu fais le samedi soir?

   a) *Je me couche à dix heures, parce que je fais du jogging le dimanche matin.*
   b) *Je regarde un film à la télé.*
   c) *Je sors avec mes copains. On va en ville, à la discothèque.*

5 Qu'est-ce que tu aimes manger?

   a) *J'aime les fruits et la salade.*
   b) *J'aime les gâteaux au chocolat.*
   c) *J'aime les frites.*

6 Qu'est-ce que tu aimes boire?

   a) *J'aime les jus de fruit et le lait.*
   b) *J'aime le café.*
   c) *J'aime le cidre et la bière.*

7 Tu as un(e) petit(e) ami(e)?

   a) *Non, je n'ai pas le temps.*
   b) *Oui, j'ai un(e) petit(e) ami(e) depuis six mois.*
   c) *J'ai beaucoup de copains/copines.*

 1 Fais ce test de personnalité.

Stratégies

- Regarde les images. Ça t'aide à comprendre le texte.
- Si nécessaire, consulte le dictionnaire.
  Exemple:
  n'oublie pas ⟶ **oublier**

RÉSULTATS

Beaucoup de réponses (a):
Tu es très sportif (sportive). Tu fais beaucoup d'exercice. Tu es en bonne santé. C'est bien!
Mais n'oublie pas: la variété est importante:
- sors avec tes amis
- fais des activités variées
- mange des choses variées.
Relaxe-toi! Il ne faut pas être trop strict!

Beaucoup de réponses (c):
Tu aimes sortir. Tu aimes rigoler. Tu as beaucoup d'amis. C'est bien.
Mais, parfois, c'est bien d'être calme, d'être seul...
Tu fais de l'exercice. C'est bien pour la santé. Mais attention!
- Mange plus de fruits et de légumes.
- Ne bois pas trop d'alcool!

Beaucoup de réponses (b):
Tu es indépendant(e). Tu as des passe-temps intéressants. C'est bien.
Mais il ne faut pas être trop solitaire.
- Sors avec des amis.
- Fais attention à ta santé: mange bien et fais de l'exercice.

Des réponses variées:
Tu as un style de vie varié et intéressant. Félicitations!

---

2 Ecoute la cassette. Hélène fait le test.
a Ecris les lettres de ses réponses.
b Elle a quelle catégorie de résultats?

3 Ensuite, écris une *vraie* réponse personnelle à chaque question.
Exemple:
1 Je me lève à sept heures **et quart**.

C'est la soirée demain soir. Euh, ça va mieux maintenant?

Oui, Lucien. On ne va pas rater la soirée!

C Le week-end

1 Lis et écoute les conversations. Note ton avis:

Lucien est...	a) ennuyeux	b) intéressant.
Rachid...	a) est jaloux	b) n'est pas jaloux.
Lucien est...	a) raisonnable	b) trop macho.
Hélène a renversé son coca...	a) par accident	b) exprès.

> exprès - **on purpose**

2 Nathalie et ses amis parlent de leur week-end typique.
Note les lettres des images qui correspondent.
Exemple: **1** b

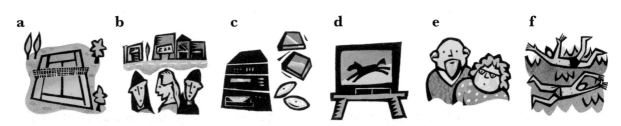

a   b   c   d   e   f

69 **3** Que fait ton/ta partenaire, le week-end? Demande-lui. *Exemple:*

A

> Qu'est-ce que tu fais...
> ...le vendredi soir?
> ...le samedi matin?
> ...le samedi après-midi?

◆ B

> Je sors avec mes copains.
> On va en ville...

♣ B

> Alors, **le vendredi soir**, je sors avec mes copains. **Normalement**, on va en ville...

 4 Lis l'extrait d'une lettre de Nathalie à sa cousine, Florence.
Trouve les images qui correspondent. Ecris les lettres dans le bon ordre.

Samedi matin, je suis allée en ville avec Lucien. On a fait les magasins, et on a mangé dans un café. Après, on est allé à la piscine. C'était génial.
Samedi soir, on est allé à une soirée. Quelle désastre! C'était affreux! J'ai dansé avec Rachid. Lucien était très jaloux et il a poussé Rachid! Rachid est furieux!
Ce matin, Lucien est allé en ville. Moi, je suis restée à la maison avec ma grand-mère. On a regardé la télé.

Phrases-clés		
normalement, le week-end	**je regarde** la télé **je fais** les magasins **je vais** chez mes grands-parents **je reste** à la maison	**on regarde** la télé **on fait** les magasins **on va** chez mes grands-parents **on reste** à la maison
le week-end dernier	**j'ai regardé** la télé **j'ai fait** les magasins **je suis allé(e)** chez des amis **je suis resté(e)** à la maison	♣ **on a regardé** la télé **on a fait** les magasins **on est allé** chez des amis **on est resté** à la maison

 **5** Ecris une lettre à un(e) ami(e) français(e). Parle du week-end dernier.
Exemples:

◆ Samedi matin, je suis allé(e) en ville avec mes parents. Samedi après-midi, j'ai écouté des CD avec mes copains...

♣ Samedi matin, je suis allé(e) en ville avec mes parents. **On a fait** les magasins. Samedi après-midi, j'ai invité des copains. **On a écouté** des CD...

D Tu manges bien?

1 Ton ami trouve cet article dans le magazine *Okapi*. Il ne parle pas français.
Il te demande: «What does it say you should have for breakfast?»
Ecris ta réponse *en anglais*.

> **Stratégie**
>
> N'oublie pas!
> Il n'est **pas** nécessaire de comprendre tous
> les détails pour répondre à la question.

> **Stratégie**
>
> Certains mots ressemblent à des
> mots anglais. *Exemple:* céréales.
> Trouve d'autres exemples.

2 Sonia, une jeune Française, parle de son petit-déjeuner.
Fais une comparaison. Ecris **oui** ou **non**.
   1 Sonia mange les mêmes choses que toi ...pendant la semaine?
      ... le week-end?
   2 Sonia boit les mêmes choses que toi
      ... pendant la semaine?
      ... le week-end?

> mêmes - identiques

Pendant la semaine, pour le petit déjeuner, je mange du pain avec du beurre et de la confiture. Parfois, je mange des croissants. Le week-end, je mange des céréales ou des pains au chocolat. D'habitude, je bois du café au lait. Le week-end, je bois du chocolat. C'est délicieux!

un pain au chocolat

Que manger pour mon petit déjeuner?

Composez votre petit déjeuner comme un repas normal, avec par exemple:

- Un fruit ou un jus de fruit, pour les vitamines.
- Une boisson (un bol de chocolat, du café au lait, ou du thé), avec un ou deux morceaux de sucre seulement.
- Une tranche de viande froide, de jambon, ou un œuf, pour les protéines (les protéines servent à construire les muscles).
- Un yaourt ou du fromage, pour le calcium (le calcium sert à développer les os), si vous ne prenez pas de lait.
- Du pain et des céréales (corn-flakes, flocons d'avoine…), pour les féculents qui donnent de l'énergie.
- Un peu de beurre (mais pas trop) ou de margarine végétale (tournesol, maïs…).

Phrases-clés

pour le petit déjeuner, je mange…		pour le petit déjeuner, je bois…	
du pain	du pain grillé	du lait	du jus de fruit
des céréales	un œuf	du café au lait	du thé

---

3 Pose des questions à six camarades de classe. Prends des notes.
Quelles choses sont les plus populaires (a) à manger (b) à boire?
Exemple:

A — Qu'est-ce que tu manges pour le petit déjeuner?

B — D'habitude, je mange un œuf et du pain grillé.

A — Et le week-end?

B — Le week-end, je mange des céréales.

A — Qu'est-ce que tu bois?

B — Je bois du café au lait.

4 **A toi!** Ecris au magazine pour donner un point de vue britannique:

◆ Parle de ton petit déjeuner.

♣ Parle de ton petit déjeuner et d'un autre repas (déjeuner ou dîner).

E L'accident de Lucien

 1 Lis et écoute les conversations.

 2 **a** Lis les instructions à droite.

 b Ecoute la cassette.
Est-ce que chaque personne fait
attention aux instructions?
Réponds **oui** ou **non**.

En cas d'accident...

- Restez calme!
- Téléphonez aux urgences (tél 111).
- Donnez les détails nécessaires.
- Parlez lentement et distinctement.

le Commissariat de Police

Phrases-clés	
Au secours!	J'ai vu un accident.
C'est où?	C'est dans la rue Demoulin, près de la banque.
Il y a combien de véhicules?	Il y a deux véhicules.

| une voiture | une moto | un camion | un autobus | un vélo |

| Il y a des blessés? | Il y a trois blessés. | Il n'y a pas de blessés. |

a Lis ce reportage du journal local.
A ton avis, l'accident était-il
grave ou *pas grave*?

 b Le reportage n'est pas exact! Il y
a trois erreurs. Ecoute la description
correcte de la grand-mère de
Nathalie.
◆ Trouve les erreurs dans le
reportage.
Exemple: **1** Hier <u>soir</u>
♣ Ecris les détails corrects.
Exemple: **1** Ce <u>matin</u>

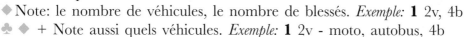

Accident sur l'autoroute

Il y a eu un accident hier soir sur
l'autoroute, près de Tournai. Il y a eu une
collision entre un camion et une moto.
Il y a eu trois blessés: le passager, le
conducteur du camion et le motocycliste
sont à l'hôpital.
Un témoin, Madame L Chardon, a dit:
«C'était affreux! Les autoroutes sont trop
dangereuses!»

4 Ecoute les quatre conversations et note les détails.
◆ Note: le nombre de véhicules, le nombre de blessés. *Exemple:* **1** 2v, 4b
♣ ◆ + Note aussi quels véhicules. *Exemple:* **1** 2v - moto, autobus, 4b

 **5** *A toi!*

a A deux, lisez ce dialogue.

b Ensuite, changez les mots <u>soulignés</u>,
pour les deux accidents.

A Au secours! Il y a un accident!
B Il y a combien de véhicules?
A Il y a deux véhicules: <u>une voiture et un
autobus</u>.
B Il y a des blessés?
A Il y a <u>quatre</u> blessés.
B C'est où?
A C'est dans la rue <u>Zola</u>, près de <u>la piscine</u>.

Accident A

Accident B

F   J'ai froid et j'ai soif!

🎞 **1**   Lis et écoute les conversations. Que penses-tu de Lucien? Note la lettre **A** ou **B**.

Opinion A

> Lucien est égoïste et trop macho.
> Il est bête: il ne porte pas de casque.

Opinion B

> Il faut avoir pitié de Lucien. Il a mal
> à la tête. Il est macho, mais c'est
> normal pour un garçon.

Phrases-clés					
j'ai il a elle a mon père a ma mère a	chaud	froid	faim	soif	une piqûre d'insecte
avez-vous je peux avoir	de la crème (solaire)? des pastilles?		du sparadrap? des comprimés?		

2 Ecoute les quatre conversations.

Pour chaque conversation. note les lettres qui correspondent.

1 a)   b)   c)   d)

2 a)   b)   c)   d)

3 a)   b)   c)   d)

4 a)   b)   c)   d)

3 Forme des paires!

◆ Recopie les phrases, deux par deux.

♣ ◆ + Invente trois autres paires.

1 Mon père a mal à la gorge.	**a** Je peux avoir du jus de fruits?
2 J'ai faim.	**b** Avez-vous de la crème solaire?
3 Ma mère a des piqûres d'insectes.	**c** Je peux ouvrir la fenêtre?
4 J'ai chaud.	**d** Avez-vous des comprimés?
5 Il fait du soleil.	**e** Avez-vous des pastilles?
6 J'ai froid.	**f** Je peux avoir des biscuits?
7 Mon frère a mal à la tête.	**g** Avez-vous de la crème et du sparadrap?
8 J'ai soif.	**h** Je peux fermer la fenêtre?

4 *A toi!*

Tu es en France avec des membres de ta famille. Ils ne parlent pas français. Avec un(e) partenaire, invente des dialogues à la pharmacie.

A

B

Phrases du pharmacien/ de la pharmacienne:
- Je peux vous aider?
- Voilà, Monsieur/Mademoiselle.
- Ça fait ... francs.

G Les grandes vacances

 1 **a** Lis et écoute le dialogue.

b Nathalie a pris une bonne décision, à ton avis?

Phrases-clés	
Qu'est-ce que tu vas faire pendant les grandes vacances?	
je vais	rester à la maison
	travailler dans un magasin
	voir mes copains
	aller chez mes grands-parents
on va	partir en vacances
	louer un gîte
	faire du camping

je vais voir - **I'm going to** see
tu vas voir - **you're going to** see
on va voir - **we're going to** see

un gîte
C'est une maison ou un appartement de vacances.

 2 **a** Pour chaque image, fais une phrase. Regarde les **Phrases-clés** pour t'aider.

b Ensuite, écoute la cassette et vérifie tes réponses.

a **b** **c**

d **e** **f**

3 Ton correspondant français, Etienne, parle de ses projets.

> Paris, le 5 Juillet.
>
> Salut!
> Ça va? Merci pour ta lettre.
> C'est bientôt les grandes vacances. D'habitude, je reste à la maison. Mais cette année, je vais partir en vacances avec mes copains. On va faire du camping en Bretagne. On va louer des vélos et jouer au volley. Ça va être génial! Mais, malheureusement, il n'y a pas de piscine.
> Et toi, qu'est-ce que tu vas faire pendant les grandes vacances?
> Amicalement,
> Etienne

◆ Recopie les phrases qui sont vraies.
♣ ◆ + Corrige les phrases qui sont fausses.

1 Cette année, Etienne va rester à la maison.
2 Il va partir en vacances avec ses parents.
3 Il va faire du camping en France.
4 Il va faire du sport.
5 Il va faire de la natation.

Stratégie
Ne cherche pas les mots exacts.
Pense aux idées.
Exemple:
3 La Bretagne, c'est une région de la France. Donc, **3** = vraie

4 *A toi!*

A deux, discutez de vos projets pour les grandes vacances.
Vous avez combien de projets en commun?

A — Qu'est-ce que tu vas faire pendant les grandes vacances?

Alors, je vais partir avec ma famille. On va aller chez mes grands-parents... B

A — Moi, aussi, je vais partir avec ma famille...

5 *A toi!*

Ecris à Etienne. Parle de ce que tu vas faire pendant les grandes vacances.

Tu peux inventer les détails!
Voici des idées:

Stratégies
♣ Gagne des points à l'examen!
• Parle aussi de tes habitudes:
D'habitude, je reste à la maison.
Chaque année, je travaille dans un café.
• Parle aussi du passé:
L'année dernière, j'ai fait du camping.

H Atelier

I Voici, à droite, un poème de Jacques Prévert, un célèbre poète français.

Dans le poème, c'est une femme qui parle.

a Lis le poème. Ecris les lettres des images dans le bon ordre.

b Que penses-tu du poème?

> Je n'aime pas le poème.

> J'aime beaucoup le poème.

> C'est triste.

> C'est bien.

> J'aime bien le poème.

> C'est banal.

2 Voici un poème écrit par une fille de ton âge.

Le poème a été publié dans le magazine *OK! Podium*.

Emploi du temps

Lundi on s'est regardé
Mardi on s'est parlé
Mercredi on est allé au ciné
Jeudi on s'est embrassé
Vendredi on s'est disputé
Samedi j'ai pleuré
Dimanche je t'ai tout pardonné

on s'est parlé (se parler) - we talked to **each other**	
s'embrasser	- to kiss
se disputer	- to argue
pardonner	- to forgive

C'est quel jour? *Exemple:* **a** c'est mercredi

a   b   c   d   e   f   g

3 **a** Tu préfères quel poème: **Déjeuner du matin** ou **Emploi du temps**?

b A ton avis, la femme dans chaque poème est... ● bête   ● gentille   ● patiente?

♣ **4** Choisis ton poème préféré et écris un poème similaire, par exemple:

> A dix heures, on s'est regardé.
> A onze heures, on s'est parlé.
> A midi, on est allé au restaurant.

> Il a mangé des céréales
> sans me regarder.

Déjeuner du matin

a

c

e

Il a mis le café
Dans la tasse
Il a mis le lait
Dans la tasse de café
Il a mis le sucre
Dans le café au lait
Avec la petite cuiller
Il a tourné
Il a bu le café au lait
Et il a reposé la tasse
Sans me parler
Il a allumé
Une cigarette
Il a fait des ronds
Avec la fumée
Il a mis les cendres
Dans le cendrier
Sans me parler
Sans me regarder
Il s'est levé
Il a mis
Son chapeau sur sa tête
Il a mis
Son manteau de pluie
Parce qu'il pleuvait
Et il est parti
Sous la pluie
Sans une parole
Sans me regarder
Et moi j'ai pris
Ma tête dans ma main
Et j'ai pleuré

b

d

Jacques Prévert
Extrait du livre Paroles
© Editions GALLIMARD

il a mis - he put (on)

il a bu - he drank

la fumée - the smoke

le cendrier - the ashtray

il est parti - he left

sans - without

une parole - a word

j'ai pris - I took

j'ai pleuré - I cried

◆♣ Expressions-clés

		Exemples:
le passé *the past*	**le week-end dernier** *last weekend* **lundi dernier** *last Monday* **la semaine dernière** *last week* **l'année dernière** *last year* **hier** *yesterday*	Le week-end dernier, **je suis allé** chez mes grands-parents. Lundi dernier, **j'ai joué** au foot. La semaine dernière, **j'ai fait** de la natation. L'année dernière, **on est allé** en France. Qu'est-ce que **tu as fait** hier?
les habitudes *habits* *the present*	**le week-end** *at the weekend* **le lundi** *on Mondays* **chaque semaine** *every week* **chaque année** *every year* **normalement** *normally* **d'habitude** *usually*	Le week-end, **je vais** chez mes grands-parents. Le lundi, **je joue** au foot. Chaque semaine, **je fais** de la natation. Chaque année, **on va** en France. Qu'est-ce que **tu fais** normalement, le soir? D'habitude, **je regarde** la télé.
l'avenir *the future*	**le week-end prochain** *next weekend* **lundi prochain** *next Monday* **la semaine prochaine** *next week* **l'année prochaine** *next year* **demain** *tomorrow*	Le week-end prochain, **je vais aller** chez mes grands-parents. Lundi prochain, **je vais jouer** au foot. La semaine prochaine, **je vais faire** de la natation. L'année prochaine, **on va aller** en France. Qu'est-ce que **tu vas faire** demain?

◆♣ **1** On parle du passé (**P**), de ses habitudes (**H**), ou de l'avenir (**A**)?
Exemple: **1** H

1   Le week-end, je regarde la télé.

2   Samedi dernier, je suis allé en ville.

3   Mardi prochain, je vais faire du vélo.

4   D'habitude, je me lève à 7h.

5   L'année prochaine, je vais aller à Paris.

6   Hier, j'ai visité un musée.

7   Normalement, je fais mes devoirs après l'école.

8   Demain, je vais jouer au tennis.

L'avenir

2 Donne une opinion appropriée. *Exemple:* **1** C'était ennuyeux.

1 Hier, j'ai regardé un film à la télé.

2 Le week-end, je joue au volley.

3 La semaine prochaine, je vais visiter un château.

4 Je n'écoute pas la radio.

5 Demain, je vais aller à une soirée.

6 Samedi dernier, je suis allé au cinéma.

♣ **Stratégie**

Pour gagner des points à l'examen, il faut parler du passé et de l'avenir.

3 Réponds à ces questions. Parle de tes habitudes, et aussi du passé ou de l'avenir.
Exemple: **1** Oui, j'adore le sport. Je fais du sport le week-end. Samedi dernier, j'ai fait du vélo.

1 Tu aimes le sport?   **3** Qu'est-ce que tu fais le vendredi soir?

2 Tu aimes la musique?   **4** Tu sors, le dimanche?

4 A l'examen, il faut faire un exposé. Prépare un exposé sur un week-end typique.

a Prépare ton exposé. *Exemple:*

Le week-end, je me lève à...

Je me couche à...

Le samedi soir, je....

Le dimanche, je...

b Ecris 6 ou 7 mots comme aide-mémoire pour ton exposé.

Exemple: **je sors   natation   reste - maison**

c Fais ton exposé devant un(e) partenaire.

Stratégies

- Emploie des expressions comme: **D'habitude**, je fais du sport.
  Le samedi soir, j'invite des copains.

- Donne ton opinion.

- Gagne des points!
  Parle aussi du passé. *Exemple:* Samedi **passé, j'ai joué** au tennis.
  Parle aussi de tes projets. *Exemple:* Le week-end **prochain, je vais aller** au cinéma.

Des vacances désastreuses

A | Mes vacances

Regarde! J'ai des brochures de vacances. D'habitude, je passe mes vacances à la campagne. J'aime faire des promenades.

Ah oui, je veux bien! J'adore aller à la plage.

Mais qu'est-ce qu'on fait cette année, Nathalie? Tu veux aller à la mer?

Phrases-clés

D'habitude, je passe mes vacances...

en ville	chez moi
à la campagne	à la mer
à l'étranger	

Stratégie

• Dans le dictionnaire, tu trouves des *expressions*:

étranger, ère *adj* foreign, unknown ◆ *nm/f* foreigner, stranger; **à l'~** *nm* abroad

Attention! ~ = étranger

1 Lis et écoute le dialogue.

2 a Regarde les images ci-dessous et identifie les types de vacances. Ecris des phrases.
Exemple: **a** D'habitude, je passe mes vacances à la mer.

b Ecoute la cassette pour vérifier tes réponses.

c Et toi, où passes-tu tes vacances, d'habitude?
Exemple: D'habitude, je...

3 Tu préfères les vacances actives ou relaxantes?

Je préfère...

Des vacances actives: j'aime...

faire du sport

faire du tourisme

faire des promenades

aller à la discothèque

Des vacances relaxantes: j'aime...

faire de la lecture

aller à la plage

 4 Qu'est-ce que tu aimes faire en vacances? Ecris deux listes.

◆ Emploie les mots des **Phrases-clés**.

♣ ◆ + Ecris d'autres expressions aussi.

Exemple: J'aime faire les magasins.

> **En vacances, j'aime...**
> aller à la discothèque

> **En vacances, je n'aime pas...**
> faire du sport

Phrases-clés					
en vacances,	faire	du sport	du tourisme	des promenades	de la lecture
j'aime/j'adore	aller	à la plage	à la discothèque		
je n'aime pas	jouer	au tennis	au foot	au volley	
c'est... bien chouette super nul ennuyeux					

5 Compare avec ton/ta partenaire.

B

A En vacances, j'aime aller à la plage.

Moi aussi, j'aime aller à la plage. C'est bien.

ou

Moi, je n'aime pas aller à la plage. C'est ennuyeux.

B

6 *A toi!*

a Fais un sondage en classe.

b Ensuite, analyse les résultats. Quelle activité est la plus populaire?

Exemple: L'activité la plus populaire: aller à la plage

c Présente tes résultats sous forme de graphique.

Exemples:

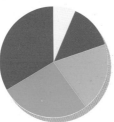 

B Une ville/une région touristique

La grand-mère de Nathalie a trouvé cette brochure.

le Cap d'Agde

Activités à Cap d'Agde

● Visiter le port du Cap d'Agde. Une promenade de plage en plage et de port en port.

● Prendre le petit train touristique.

● Faire une promenade dans la vieille ville, avec sa cathédrale et son musée d'histoire locale.

1 Lis la brochure. Pour chaque phrase, note **vrai** ou **faux**.

1 Au Cap d'Agde, on peut aller à la plage.
2 Il n'y a pas de restaurants.
3 On peut faire de la natation.
4 On peut faire du cheval.
5 Il y a une abbaye à Valmagne.

> **Stratégies**
>
> Pense aux types d'activité:
> 4: Faire du cheval, c'est une activité *sportive*. Regarde la liste des **activités sportives**. Emploie le dictionnaire.
> 5: Attention! L'abbaye de Valmagne est une *excursion*.

Activités sportives

Ski nautique
Pêche
Piscines
Vélo
Tennis Club (64 courts)
Equitation

Le soir: grand choix de restaurants, bars, casinos, discothèques

Des excursions

Le pont du Gard, aqueduc romain, superbement intact depuis plus de 2 000 ans

L'abbaye de Valmagne, entourée de vignes.

---

 2 Et toi, tu aimerais visiter le Cap d'Adge?

    a Réponds: **Oui** ou **Non.**

    b ◆ Donne deux raisons.

      ♣ Donne cinq raisons.

3 Invente une brochure sur ta destination idéale de vacances.

Phrases-clés	
il y a...	un château un vieux pont un port une plage
il n'y a pas de...	cinéma
on peut...	visiter une abbaye faire des excursions
on ne peut pas...	jouer au badminton

C Des problèmes à l'hôtel

> Alors, Nathalie, tu as passé de bonnes vacances?

En septembre

> Ah oui, j'ai passé des vacances formidables! Mais, pour commencer, quel désastre!

A Au premier hôtel

B Au deuxième hôtel

1 **a** Lis les dialogues. Quel dialogue va avec quelle image?

b Lis et écoute les dialogues sur la cassette.

1
- Allô, Réception.
- Allô. Ici Mademoiselle Chardon.
- Oui, Mademoiselle?
- Je n'ai pas de serviettes.
- Oh, je regrette, Mademoiselle. C'est quelle chambre?
- C'est la chambre douze.
- Pas de problème.

2
- Bonjour. J'ai une réservation.
- C'est à quel nom?
- Chardon. Ça s'écrit C-H-A-R-D-O-N.
- Je regrette. Je ne trouve pas votre réservation.
- Alors, avez-vous une chambre?
- Je regrette. L'hôtel est complet.
- Mais c'est ridicule!

Phrases-clés	
J'ai une réservation.	C'est à quel nom?
Ça s'écrit S-M-I-T-H.	Ça s'écrit comment?
Il y a un autre hôtel près d'ici?	L'hôtel est complet.
Je n'ai pas de serviettes/de savon.	
C'est la chambre 24.	

2 Ecoute d'autres clients. Ils ont des problèmes!

◆ Est-ce qu'on trouve une bonne solution?

♣ ◆ + Tu travailles dans un hôtel anglais. Note le problème *en anglais*.

 3 Comment apprendre des phrases? Voici deux bonnes idées:

Stratégie

Ecris deux listes:

• les phrases du client/de la cliente   • les phrases du/de la réceptionniste

---

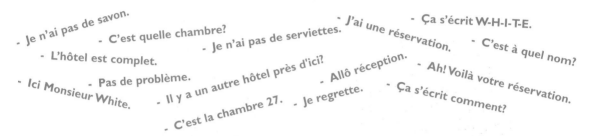

- Je n'ai pas de savon.
- C'est quelle chambre?
- Je n'ai pas de serviettes.
- J'ai une réservation.
- Ça s'écrit W-H-I-T-E.
- C'est à quel nom?
- L'hôtel est complet.
- Ici Monsieur White.
- Pas de problème.
- Il y a un autre hôtel près d'ici?
- Allô réception.
- Ah! Voilà votre réservation.
- C'est la chambre 27.
- Je regrette.
- Ça s'écrit comment?

Stratégie

• Invente de petits dialogues avec les phrases.

• Lis les dialogues avec un(e) partenaire.

Exemple:

> Bonjour. Je voudrais une chambre pour une personne.

> Je regrette. L'hôtel est complet.

> Il y a un autre hôtel près d'ici?

 **4** *A toi!*

◆ A deux, faites ces jeux de rôle.

♣ ◆ + Ensuite, changez les détails.

---

saluer - dire 'bonjour', 'bonsoir'
         ou 'au revoir'
remercier - dire 'merci'
épeler - dire comment ça s'écrit

A

- Allô, réception.
- *Donnez votre nom.*
- Il y a un problème?
-
- C'est quelle chambre?
- **21**.
- Pas de problème.
- *Remerciez le/la réceptionniste.*

B

- *Saluez le/la réceptionniste.*
- Je peux vous aider?
-
- C'est à quel nom?
- *Répondez à la question.*
- Non, je ne trouve pas la réservation.
- *Epelez votre nom de famille.*
- Ah oui, voilà.

> Mais ce n'est pas tout...

D Des difficultés au camping

Après l'hôtel, on a fait du camping. Encore des problèmes!

Avez-vous de la place pour trois nuits?

Pour une nuit, seulement.

C'est dommage. C'est combien par nuit?

C'est 50F par personne.

Où sont les douches, s'il vous plaît?

Les douches sont là.

Et où est la piscine?

Il n'y a pas de piscine.

 1

   a Lis et écoute le dialogue.

   b Ecris les dialogues **1** et **2** ci-dessous dans le bon ordre.

   c Ecoute la cassette et vérifie ta réponse.

1

- C'est pour combien de personnes?
- Je regrette. J'ai de la place pour deux nuits, seulement.
- 65 F! C'est cher!
- C'est pour trois personnes.
- Oh, c'est dommage. C'est combien par nuit?
- Avez-vous de la place pour quatre nuits?
- C'est 65 F par personne.

2

- Et où est le restaurant?
- Les poubelles sont là.
- Pas de restaurant? Zut alors!
- Où sont les poubelles, s'il vous plaît?
- Je regrette, il n'y a pas de restaurant.

Phrases-clés	
Avez-vous de la place pour...? C'est pour...	une tente et une voiture deux personnes trois nuits
C'est combien?	C'est 50 F par personne/par nuit.
Où est...?	le restaurant la piscine la plage
Où sont...?	les douches les toilettes les poubelles
Il n'y a pas de restaurant.	C'est dommage. Zut alors!

2 Ecoute la cassette. Des gens arrivent à un camping. Note:
* combien de tentes/voitures • combien de personnes • combien de nuits

Exemple:

tentes/voitures	personnes	nuits
2 t, 1 v	?	7

3 On arrive au camping. Ecris une phrase pour chaque illustration.

a  ×5   **b**  ×4

c 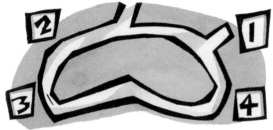 ×2   **d** ?F

4 Regarde ce plan d'un camping.

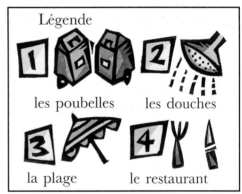

Légende

1 les poubelles 2 les douches

3 la plage 4 le restaurant

a Travaille avec un(e) partenaire. *Exemples:*

A Où sont les poubelles, s'il vous plaît?

Voilà les poubelles. B
(B indique les poubelles sur le plan.)

A Où est la piscine?

Je regrette, il n'y a pas de piscine. B

A Zut alors!

b Ensuite, A écrit une légende différente pour le plan, en secret.
B pose des questions, pour savoir la légende.
Exemple: Où sont les douches?

5 *A toi!*

a A deux, utilisez ces symboles pour faire deux dialogues.

b Ensuite, inventez un dialogue entre votre famille et le gardien du camping.

Mais ce n'est pas tout...

E Un repas désastreux

> On a mangé dans un restaurant. Le service était affreux!

📼 **1** Lis la bande dessinée et écoute la cassette.
Est-ce que le garçon est poli? **Oui** ou **non**.
Est-ce que la serveuse est polie? **Oui** ou **non**.

Phrases-clés

Monsieur, s'il vous plaît!	Mademoiselle/Madame, s'il vous plaît!		
La carte, s'il vous plaît.	L'addition, s'il vous plaît.		
Le service est compris?			
je n'ai pas de...	couteau	fourchette	cuillère	verre
mon assiette mon couteau mon verre		... est sale	
mon repas mon café		... n'est pas très chaud	
le garçon la serveuse			

2 Ecoute la cassette. Tu vas entendre une petite série de conversations dans un restaurant.

◆ Ecris la lettre de l'image qui correspond à chaque conversation.

♣ ◆ + Le garçon/la serveuse est poli(e)? ✓ ou ✗

Stratégies

Prépare-toi!
Quelles expressions correspondent aux images?
Exemple: **a** Je n'ai pas de fourchette.

3 **Jeu de mémoire**

- A regarde l'exercice 2 et dit une phrase qui correspond une image (a-f).
- B ne regarde pas l'exercice 2 et dit la lettre qui correspond.
  Changez de rôle. Qui a le plus de points?

Exemple:

A — La carte, s'il vous plaît.

B — C'est c?

A — Oui. I point.

4 **A toi!**

Invente le texte de cette bande dessinée.

◆ Regarde les **Phrases-clés**.

♣ Ne regarde pas les **Phrases-clés**. Si tu veux, invente d'autres détails.

Mais ce n'est pas tout...

F Le train a dix minutes de retard

> C'est bien le quai pour Montpellier?
>
> Non, c'est le quai numéro deux.
>
> Merci beaucoup, Monsieur.
>
> Le train à destination de Montpellier a vingt minutes de retard.
>
> Zut alors!
>
> Pardon, Madame. Où est la salle d'attente, s'il vous plaît?
>
> C'est là.
>
> Ah, oui. Merci.
>
> Pardon, Monsieur. C'est libre ici?
>
> Non, c'est occupé.
>
> Mince alors!

1 Lis le texte et écoute la cassette.

2
a Recopie les questions des **Phrases-clés**.
Pour chaque question, il y a une ou deux réponses à droite. Note-les.

b Ecoute la cassette et vérifie tes réponses.

Réponses

C'est là, Madame.

Non, c'est occupé.   Oui, c'est libre.

Non, c'est le quai numéro trois.

Non, c'est le train pour Paris.

Phrases-clés	
C'est bien le quai pour Marseille?	C'est bien le train pour Bruxelles?
C'est libre ici?	
Où est le buffet, s'il vous plaît?	Où est la salle d'attente, s'il vous plaît?

Phrases-clés à comprendre	
le train à destination de Boulogne	a dix minutes de retard
	partira du quai numéro trois
poussez tirez sortie de secours	

Tu vas entendre six annonces à la gare.
Réponds *en anglais*.

◆ Tu prends le train pour Paris. Ton cousin dit:
«Listen for any announcements about our train,
and tell me what they say.»

♣ Tu aides des touristes américains. Ils disent:
«Can you tell us what the announcements are
about, please?»

Stratégie

Fais attention aux mots
importants!
Exemple: Le train à
destination de **Paris** a **10
minutes** de **retard**.

 Comprendre de nouveaux mots, c'est souvent simple.
Ecris les mots anglais qui correspondent:

Considère la situation:

Regarde le symbole:

 Comment apprendre des mots? Voici une bonne idée:

Stratégie

1 Ecris les mots français, sans quelques lettres.	*la s_ll_ d'a__e_te*
2 Plus tard, regarde les mots. Ecris les mots complets.	*la salle d'attente*
3 Ensuite, écris le mot anglais qui correspond.	*la salle d'attente _ the waiting room*

  A toi!

A deux, faites ces jeux de rôle quatre fois.
Ensuite, fermez votre livre, et répétez les jeux de rôle.

A

Non, c'est le quai
numéro deux.

B

C'est là.

C

Non, c'est occupé.

G Au bureau des objets trouvés

Les objets qu'on perd le plus souvent...

a | b | c | d | e

un sac   un sac à main   des clés   un portefeuille   un porte-monnaie

On perd tout: les objets neufs et vieux

 1 Ecoute la cassette et regarde l'image ci-dessous. Cinq personnes ont perdu des objets. Est-ce que ces objets sont au bureau des objets trouvés? Si oui, note le numéro.

Phrases-clés			
J'ai perdu	mon sac mon portefeuille mon sac à main mon porte-monnaie	Il est comment? Il est...	neuf/vieux grand/petit gris bleu noir vert rouge marron
	mes clés		
Où?		Quand?	
dans le train en ville à la plage je ne sais pas		ce matin cet après-midi hier je ne sais pas il y a vingt minutes	

2 Joue avec un(e) partenaire.
Regarde l'image de l'exercice 1.
Le partenaire A fait une description.
Le partenaire B identifie l'objet.
Ensuite, changez de rôle.

A > Il est grand, rouge, et vieux.

> C'est le numéro 1, le sac. < B

3 a Ecoute la cassette. On répond à quelle question: A, B ou impossible à dire?
  A *Où* avez-vous perdu votre sac?
  B *Quand* avez-vous perdu votre sac?

b Fais des phrases pour répondre à chaque question. Pour t'aider, regarde les **Phrases-clés**.
  ◆ Ecris trois phrases pour les questions A et B.
  Exemple: **A** J'ai perdu mon sac dans le train.
  ♣ ◆ + Invente trois autres réponses aussi.
  Exemple: **A** J'ai perdu mon sac <u>à la gare</u>.

4 Lis ces petites annonces. Ton cousin demande: «What have these people lost?»
Ecris tes réponses *en anglais*. Emploie un dictionnaire, si nécessaire.

Perdus et trouvés
Perdu le 9 février à
Montpellier chien mâle
noir, récompense.
Tél. 67.22.15.63

PERDUS - TROUVÉS
12 février devant Hôtel de la Gare, perdu
montre. Souvenir famille, sentimental.
Récompense 500F. Tél: 67.43.12.80

---

5 Ecoute la cassette. Nathalie est au bureau des objets trouvés. Note les détails.
  ◆Note: (a) l'objet (b) où.
  ♣Note: (a) l'objet, la description (b) où, quand.

6 *A toi!*

Invente des dialogues avec un(e) partenaire.

A > Bonjour. J'ai perdu.......

> Il est comment? < B

A > Il est.....

> Quand avez-vous perdu votre....? < B

A > .....

> Où avez-vous perdu votre....? < B

A > .....

> Voilà! < B

A > Merci beaucoup!

H Qu'est-ce que tu as fait en vacances?

1 Lis la lettre de Nathalie à sa cousine, Florence.
En général, que pense Nathalie de ses vacances? (a) ☺ ou (b) ☹ ?

> *Lundi 11 septembre*
>
> Chère Florence,
>
> J'ai passé mes vacances à la mer. Pour commencer, c'était affreux!
> J'ai eu beaucoup de problèmes.
> Après ça, c'était vraiment chouette!
> J'ai fait du camping. J'ai rencontré Rachid au camping. Quelle coïncidence!
> Je suis allée à la plage et au parc d'attractions. J'ai visité un château avec Rachid. C'était intéressant. On a joué au tennis et aux jeux vidéo. On a fait de la voile et du ski nautique ensemble. C'était vraiment amusant!
> Samedi soir, je suis allée au restaurant avec Rachid. C'était <u>très</u> romantique!
>
> A bientôt,
>
> Nathalie.

J'ai joué aux jeux vidéo.

On a fait du ski nautique.

On a fait de la voile.

Phrases-clés		
j'ai passé mes vacances... à la mer	chez moi	
j'ai fait / ♣ on a fait	du tourisme du ski nautique de la voile des promenades des excursions	
j'ai visité / ♣ on a visité	un château un musée Paris	
j'ai joué / ♣ on a joué	au badminton aux jeux vidéo	
je suis allé(e) / ♣ on est allé	à la plage à un parc d'attractions	
c'était... chouette amusant	intéressant ennuyeux affreux	

2 Regarde ces images. Qu'est-ce qu'elle a fait, Nathalie?
Ecris les lettres des images qui correspondent. Ecris les lettres dans le bon ordre.

a b c

d e f

g h i

3 Ecoute la cassette. Quatre jeunes parlent de leurs vacances.
◆ Ecris les lettres des images de l'exercice 2 qui correspondent.
♣ ◆ + Note leur opinion: dessine ou .

6 *A toi!*

Ecris une lettre au sujet de vacances
passées. Tu peux inventer les
détails.
Pour t'aider:
- regarde les pages 114 -117.
- regarde l'exemple à droite →.
Donne aussi ton opinion.
Exemple: J'ai fait du cheval.
C'était ennuyeux.

> vendredi 5 septembre
>
> Chère Anne/Cher Paul,
> J'ai passé mes vacances <u>à la campagne</u>.
> J'ai fait <u>des promenades</u>. J'ai joué <u>au
> basket</u>. J'ai visité <u>un musée</u>. Je suis
> allé(e) <u>à la pêche</u>.
>
> Amitiés,
> ...

Stratégie

◆ C'est simple! Tu connais quatre verbes utiles: j'ai fait..., j'ai visité..., j'ai joué..., je suis
allé(e)...
♣ Emploie aussi **on**.
Exemple: J'ai fait du camping avec ma famille. **On est allé** à la mer... **On a vu**...

I Qu'est-ce que tu vas faire, l'année prochaine?

> L'année prochaine, je vais aller à la mer avec Rachid.

CANET-PLAGE

Station familiale et sportive, avec une plage de 9 km.

Activités sportives
Location de vélos tout terrain. Piscine. Ping-pong. Equitation. Tennis. Golf. Pêche en mer. Voile. Ski nautique.

Art et culture
Musée. Château. Cinéma.

Le soir
Discothèque. Restaurants et bars.

1 Tu vas passer une journée à Canet-Plage. Qu'est-ce que tu vas faire?

a Fais deux listes de trois activités.

Exemple:

en priorité	si j'ai le temps
- Je vais faire de la natation.	- je vais à la pêche.

b Compare avec ton/ta partenaire. *Exemple:*

A
> Qu'est-ce que tu vas faire?

> Moi, je vais jouer au tennis de table,... B

◆ Fais une liste de vos activités en commun.

♣ Ecris ce que ton/ta partenaire va faire. *Exemple:* Lauren va visiter le château...

faire du vélo tout terrain

Phrases-clés			
je vais/il va/elle va...			
visiter	le château	le musée...	
aller	à la pêche	au restaurant	à la plage...
faire	du vélo tout terrain (VTT)	du sport...	

2 Florence envoie cette carte postale à Nathalie.

    a A ton avis, la carte postale a quelle photo, A ou B?

    b Florence préfère les vacances actives ou relaxantes?

> Salut !
> Je passe mes vacances à la campagne. Il fait beau. C'est génial.
> Demain, je vais visiter un château. Mercredi, je vais faire du vélo et je vais jouer au tennis. Ça va être super ! A bientôt,
>
> Florence

Mlle Nathalie Chardon
16 Place de la République
59048 Neuville

A

B

Ecris une carte postale à un(e) ami(e).

   ♣ Change les détails de la carte postale de Florence, par exemple «il fait mauvais...».

   ♣ ♦ + Ajoute d'autres détails: regarde les **Stratégies**.

Stratégies
♣ • Pour gagner des points à l'examen,

    parle du présent: **Je passe** mes vacances à la mer.

                        Je vais à la plage tous les jours.

    parle du passé: Hier, **j'ai fait** du tourisme.

    parle de l'avenir: Demain, **je vais aller** à la piscine.

  • Emploie des mots utiles: **demain, hier, tous les jours**.

J Atelier

La publicité: vraie ou fausse?

Une brochure présente une situation idéale, où il n'y a pas de problèmes.
La réalité est souvent différente!

I   Regarde la photo d'une brochure de vacances.
     Recopie les phrases qui correspondent à une description *idéale*.

Il fait beau.

La plage est sale.

Tout le monde est heureux.

La famille joue ensemble.

Il fait froid.

La mer est bleue.

La plage est déserte.

La mère est belle.

Tout le monde a des piqûres d'insecte.

La mer est sale.

2 Les brochures de vacances ne mentionnent pas les problèmes!

Lis cette brochure.
Quels aspects de l'hôtel sont les plus importants pour toi? Note-les.
Exemple:

près de la plage

Hôtel de luxe

- 20 chambres
- Vue sur la mer.
- Près de la plage.
- Bar, restaurant.
- Grand programme de spectacles et d'excursions.
- Grande piscine, beau jardin. Pédalos.

3 Ecoute la cassette. On a interviewé le propriétaire de l'hôtel à la radio.
- Note sa réponse à chaque question.
- La brochure est complètement honnête, à ton avis?

1 Est-ce que chaque chambre a une vue sur la mer?
2 La plage, c'est loin?
3 Le restaurant est ouvert tous les jours?
4 Il y a combien d'excursions?
5 La piscine est ouverte toute l'année?

4 Ecris une description «idéale» de cet hôtel, pour une brochure.

◆ *Exemple:*

... Beau jardin ...

♣ *Exemple:*

...Il y a un très beau jardin...
... On peut ...

7 Jeu-test

Catégorie A: Sport

1 L'Ajax est le club de football de quelle ville?
a) Bruxelles
b) Amsterdam
c) Oslo

2 Alain Prost, champion de Formule 1, est de quelle nationalité?
a) belge
b) française
c) suisse

3 Le décathlon est une compétition avec combien d'aspects?
a) deux
b) cinq
c) dix

4 Les premiers Jeux Olympiques modernes ont eu lieu en quelle année?
a) 1896
b) 1922
c) 1956

Catégorie B: Sciences

1 Qui a inventé le téléphone?
a) Sir Alexander Fleming
b) Guglielmo Marconi
c) Alexander Graham Bell

2 Qui a été le premier homme sur la lune?
a) Yuri Gagarin
b) Buzz Aldrin
c) Neil Armstrong

3 Quel est le symbole chimique pour l'eau?
a) H_2O
b) H_2SO_4
c) O_2H

4 Quelle science étudie les fossiles?
a) la paléontologie
b) l'anthropologie
c) l'étymologie

Catégorie C: Histoire

1 En quelle année a eu lieu la révolution française?
a) 1789
b) 1879
c) 1978

2 Qui était le premier leader de l'Union Soviétique après la révolution en 1917?
a) Staline
b) Trotsky
c) Lénine

3 Qui était Lee Harvey Oswald?
a) l'assassin de John Lennon
b) l'assassin de John F Kennedy
c) l'assassin de Martin Luther King

4 Qu'est-ce qui s'est passé en 1492?
a) Le Capitaine Cook a découvert l'Australie
b) Scott a découvert l'Antarctique
c) Christophe Colomb a découvert l'Amérique

Catégorie D: Cinéma

1 Norma Jean Baker est le vrai nom de qui?
a) Jodie Foster
b) Judy Garland
c) Marilyn Monroe

2 Qui a inventé l'agent secret, James Bond?
a) Arthur Conan-Doyle
b) Ian Fleming
c) Stephen King

3 John Wayne a joué dans combien de films?
a) 34
b) 53
c) 76

4 Quel a été le premier film fait complètement par ordinateur?
a) Fantasia
b) E.T.
c) Toy Story

Catégorie E: Géographie

1 Quelle est la capitale de Pérou?
a) Lima
b) Rio de Janeiro
c) Bogota

2 Paris est située sur quel fleuve?
a) le Rhônc
b) la Seine
c) le Danube

3 Dans quelle ville se trouve la Place Rouge?
a) Moscou
b) Beijing
c) Tokyo

4 Le tunnel sous la Manche fait combien de kilomètres?
a) 51
b) 96
c) 142

Catégorie F: Musique

1 La chanteuse Björk vient de quel pays?
a) la Finlande
b) le Danemark
c) l'Islande

2 Il faut combien de noires pour faire une ronde?
a) 2
b) 4
c) 8

3 Le musicien Nigel Kennedy joue de quel instrument?
a) le piano
b) le violon
c) la clarinette

4 Le groupe *Oasis* vient de quelle ville?
a) Londres
b) Manchester
c) Liverpool

Les réponses:
C 1a 2c 3b 4c F 1c 2b 3b 4b
B 1c 2c 3a 4a E 1a 2b 3a 4a
A 1b 2b 3c 4a D 1c 2b 3c 4c

Ton score:	
0 à 6	désastre!
7 à 12	pas mal...
13 à 18	très bien
19 à 24	félicitations!

Bonne route!

A Une ville typique

Sensation à Neuville: les reporters arrivent!

> Je suis à Neuville. C'est une petite ville située dans le nord, une ville propre et très calme.
>
> Mais est-ce que ça va changer? Le ministère des Transports propose une autoroute, près de Neuville.

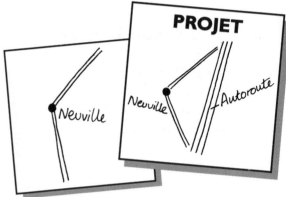

PROJET

Neuville

Neuville — Autoroute

1
a Lis et écoute le reportage de la télévision.
b Ton cousin ne parle pas français. Il demande:
«What is Neuville like?»
«What's the problem there?»

2 Note les lettres pour ta ville/ton village:

C'est dans...

A le nord

B l'ouest **E** **C** l'est

le centre

D le sud

Stratégie

Tu comprends les mots-clés? C'est simple: ils ressemblent à des mots anglais. *Exemple:* historique - historic

C'est une ville... **F** industrielle **G** calme
H historique **I** touristique

Phrases-clés		
J'habite à Neuville, une ville située dans le nord de la France.		
c'est une ville	calme industrielle touristique historique moderne	
c'est	très assez	grand/petit sale/propre
	dans le nord dans le sud dans l'est dans l'ouest dans le centre de la France	
	au bord de la mer	

3 Jeu

Regarde cette carte de la France. Ecoute la cassette.

a Des gens décrivent où ils habitent. Peux-tu identifier les villes?
Ecris le nom de la ville.

b Ensuite, écoute la cassette et vérifie tes réponses.

c Et toi, tu aimerais visiter quelle(s) ville(s) en France?
J'aimerais visiter... (♣ parce que...)

4 Jeu: tu connais la France?

Jouez à deux.

• A regarde la carte. Il/elle décrit une ville.

• B identifie la ville.

• Changez de rôle.

A
> C'est une ville industrielle.
> C'est dans le nord.

> C'est Lille? B

A
> Oui, un point.

5 A toi!

Ecris la description de ta ville.
Exemple:

J'habite à Manchester. C'est une très grande ville dans le nord de l'Angleterre.
C'est une ville industrielle.

Phrases-clés

♣ C'est dans le nord (etc)

de l'Angleterre	de l'Ecosse
de l'Irlande	du pays de Galles

B A la station-service

Le père d'Hélène est garagiste.

1 Lis et écoute le texte.
M. Buissart pense que l'autoroute est une bonne idée: vrai ou faux?

2 Ecoute des clients. Qu'est-ce qu'ils demandent? Note les lettres.
Exemple: **1** a, c

 **a** faites le plein

 **b** le super

 **c** le sans-plomb

 **d** le gazole

 e les pneus

 f l'eau

 g l'huile

 h un téléphone

Phrases-clés		
trente litres deux cents francs faites le plein	de super	de sans-plomb de gazole
pouvez-vous vérifier	les pneus? l'eau? l'huile?	
Il y a un téléphone ici? Il y a des toilettes ici? Oui, derrière le magasin.		libre-service offre spéciale à moitié prix

a ◆ Fais des phrases. Recopie les mots des phrases 1-7 dans le bon ordre.

 Ecris la lettre de l'image qui correspond.

♣ Fais une phrase pour chaque image.
Ne regarde pas les phrases 1-7.

◆

1 vérifier pneus pouvez-vous les s'il vous plaît?
2 le plein s'il vous plaît faites de gazole
3 litres sans-plomb s'il vous plaît de quarante
4 l'eau s'il vous plaît vérifier pouvez-vous?
5 super de s'il vous plaît francs cent
6 un ici il y a s'il vous plaît téléphone?
7 s'il vous plaît l'huile vérifier pouvez-vous?

b Ecoute les quatre clients à une station-service.
Note les lettres des images qui correspondent.

 **4** *A toi!*

Fais ces jeux de rôle avec un(e) partenaire.

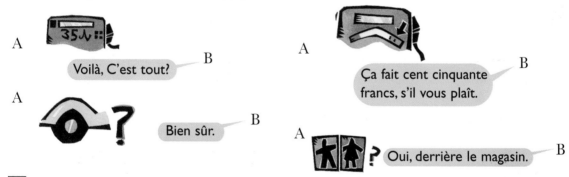

 5 Tu vois ces panneaux dans une station-service.

Explique les panneaux *en anglais* à ta famille

Stratégie

• Regarde dans le dictionnaire.
• Choisis le bon mot pour le contexte.
prix: price; a prize
C'est quel sens ici?

C Le train, c'est pratique

A

L'autoroute, c'est une bonne idée, à votre avis, M. Buissart?

Oui. Moi, je préfère voyager en voiture. C'est très pratique.

B

Vous allez partout à vélo, Mlle Denis?

Ben, je vais au travail à vélo ou à pied. C'est plus écologique.

C

Pour les longs voyages, je prends l'avion. C'est cher, mais c'est très rapide.

D

Vous voyagez souvent en voiture, Mme Chardon?

Non! Moi, je préfère voyager en train. C'est confortable. Les voitures sont dangereuses. Non à l'autoroute!

1 Lis et écoute les interviews.

Quelles images correspondent aux photos A, B, C et D?

Exemple: **A** f

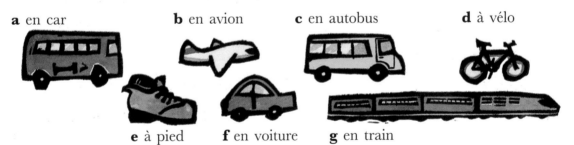

a en car   **b** en avion   **c** en autobus   **d** à vélo

e à pied   **f** en voiture   **g** en train

Phrases-clés	
je vais au collège	à pied à vélo
je vais au travail	en autobus en voiture en car
je préfère voyager	en train en avion
c'est	rapide confortable pratique
	plus écologique moins cher

2 Recopie les phrases 1-7 ci-dessous.

Pour chaque phrase, trouve et recopie une raison qui correspond.

1 Je vais au collège en car.
2 Je vais au travail à pied.
3 Je préfère voyager en train.
4 Je vais au travail en voiture.
5 Je vais au collège en autobus.
6 Je vais au centre-ville à vélo.
7 Je préfère voyager en avion.

Des raisons possibles

- C'est rapide.
- C'est pratique.
- C'est confortable.
- C'est plus écologique.
- C'est moins cher.

3 Ecoute la cassette. Tu vas entendre six interviews.

◆ Note la lettre de l'image qui correspond.

♣ ◆ + Donne une raison. *Exemple:* **1** e, pratique

4 *A toi!*

a ◆ Complète ces phrases.

♣ ◆ + Donne une raison.

- Je vais au collège...
- Je vais au centre-ville...
- D'habitude, je vais en vacances...

b Compare avec cinq camarades de classe.

Exemple:

A

Je vais au collège à pied. Et toi?

Moi, je vais au collège en car.

B

c Vous êtes écologiques? Quel moyen de transport est le plus populaire? Et le moins populaire?

Exemple:

Le plus populaire: aller en voiture.
Le moins populaire:

D Un coup de téléphone

Nathalie répond au téléphone.

– Allô.
– Je voudrais parler à Madame Chardon, s'il vous plaît.
– Je regrette. Elle n'est pas là. C'est qui à l'appareil?
– C'est Georges Cosset. Mme Chardon peut me rappeler?
– Oui. Quel est votre numéro de téléphone?
– C'est le 33.45.11.09.
– Le 33.45.11.09?
– Oui. Merci. Au revoir.
– Au revoir.

La grand-mère de Nathalie rappelle Monsieur Cosset.

– Allô. Radio Neuville.
– Je voudrais parler à Monsieur Cosset, s'il vous plaît.
– Ne quittez pas.
– Allô. Georges Cosset.
– Bonjour. C'est Madame Chardon.
– Ah bonjour, Madame. Je voudrais faire une interview avec vous...

1 Lis les conversations et écoute la cassette. Mme Chardon accepte l'invitation?

2 a Nathalie organise une pétition contre l'autoroute. Des amis vont l'aider. Elle note des numéros de téléphone. Ecoute la cassette et corrige les erreurs.

Christian   33 . 43 . 12 . 60
M. Ternon   33 . 02 . 46 . 24 .
Nadège   33 . 14 . 70 . 58
Mme Goldberg 33 . 85 . 21 . 16 .

b Comment est-ce que tu demandes le numéro de téléphone
   - de Nathalie?
   - du père d'Hélène?

c Demande le numéro de téléphone de quatre camarades de classe.

Stratégie
Tu dis **ton numéro**:
• à un(e) jeune
• à un(e) adulte que tu connais très bien.
Tu dis **votre numéro**:
• à un(e) adulte que tu ne connais pas très bien.

Phrases-clés	
Quel est ton numéro de téléphone? Quel est votre numéro de téléphone?	C'est le 12.34.56.34.
Allô. Je voudrais parler à Mme Chardon.	
C'est qui à l'appareil? C'est M. Cosset.	
Ne quittez pas. Je regrette. Mme Chardon n'est pas là.	

3 Ecoute ces conversations téléphoniques.

◆ La personne est là? Note **oui** ou **non**.

♣ ◆ + Si la personne n'est pas là, note le numéro de téléphone qu'elle doit rappeler.

4 Une secrétaire parle au téléphone.

a Recopie les conversations, et invente les mots de l'autre personne.

b Puis, écoute la cassette pour vérifier ta réponse.

A — Dupont et Roche. Allô.

B — ...

A — Je regrette, mais Mme Dupont n'est pas là. C'est qui à l'appareil?

B — ...

A — Quel est votre numéro de téléphone, M. Lacoste?

B — Le 23.43.12.65

A — Dupont et Roche. Allô.

B — ...

A — C'est qui à l'appareil?

B — ...

A — Ne quittez pas.

B — Allô. Paul Roche.

A — ...

B — Ah, bonjour Mme Toulon.

5 Ecris le bon numéro de téléphone pour chaque situation.

Numéros utiles

Taxis..	33.12.23.54
Gare SNCF....................................	33.43.65.98
Aéroport.......................................	34.21.53.27
Police secours...............................	17
Renseignements touristiques	33.15.63.32
Location de vélos...........................	33.76.45.32

4 A toi!

Joue ces situations avec un(e) partenaire.

Situation 1
Rôle A:
- Tu téléphones.
- Tu veux parler à Mme Philippe.
Rôle B: Tu es le/la secrétaire.
- Mme Philippe n'est pas là.
- Demande **qui** parle.
- Demande son **numéro de téléphone.**

Situation 2
Rôle A:
- Tu téléphones.
- Tu veux parler à M. Renault.
Rôle B: Tu es le/la secrétaire.
- Demande **qui** parle.
- M. Renault est là.

E L'autoroute: vous êtes pour ou contre?

A l'hôtel de ville, il y a un débat public sur l'autoroute.

C'est calme à la campagne.
Il y aura plus de bruit.

Il y a trop d'accidents en ville. C'est dangereux.

Le paysage est beau.

Il y a trop de voitures en ville.
Avec l'autoroute, il y aura moins d'accidents.

Il y aura plus de voitures.
Il y aura plus de pollution.

Il y aura moins de touristes.

il y a - there is, there are
il y **aura** - there **will be**
trop de - too much, too many
moins de - less, fewer
plus de - more

1
a Ces gens sont *pour* ou *contre* l'autoroute?
Recopie les opinions ci-dessus. Fais deux listes:

Pour
Il y a trop d'accidents en ville.

Contre
Il y aura plus de pollution

Stratégie

- Si nécessaire, utilise un dictionnaire.
- Choisis le bon mot pour le contexte. *Exemple:*
  bruit: a noise; a rumour
  C'est quel sens ici?

b Ecoute le débat à la radio, et vérifie tes réponses.

Phrases-clés		
Je suis pour/contre l'autoroute.		
A mon avis...		
il y a il y aura	plus trop moins	d'accidents de pollution de voitures de bruit de touristes
C'est dangereux.		
C'est calme à la campagne/en ville.		
Le paysage est beau.		

2 A deux, discutez les opinions. Vous êtes pour ou contre? *Exemple:*

A

> Il y aura plus de pollution.
> Je suis d'accord.

> Moi, je ne suis pas d'accord.

B

 3 La grand-mère de Nathalie passe à la radio!

Ton cousin ne parle pas français. Il demande: «Why is she against the motorway?».
Explique les deux raisons, *en anglais*.

4 Le père de Rachid, et Nathalie ont écrit des lettres au journal local.

> A mon avis, l'autoroute est une très bonne
> idée. En ce moment, il y a trop de voitures en
> ville. Il y a trop de pollution et trop de bruit.
> Avec une autoroute, il y aura moins de bruit et
> moins de pollution en ville.
>
> M. E. Dahmani

> Une autoroute sera un grand désastre pour la
> région. A mon avis, il y aura plus de voitures
> et plus d'accidents.
> Le paysage est beau ici. Avec une autoroute,
> il y aura plus de pollution.
>
> Mlle N. Chardon

Est-ce que les affirmations ci-dessous sont vraies ou fausses?
◆ Ecris **vraie** ou **fausse**.
♣ ◆ + Corrige les affirmations fausses.

1 M. Dahmani est pour l'autoroute.
2 M. Dahmani pense que c'est calme en ville, en ce moment.
3 Nathalie est pour l'autoroute.
4 Nathalie pense qu'une autoroute, c'est dangereux.
5 Nathalie est concernée par l'environnement.

5 Nathalie et Rachid discutent de l'autoroute.
◆ Rachid est pour ou contre l'autoroute?
♣ ◆ + Donne deux raisons.

6 *A toi!* Ecris une lettre au journal.
◆ Adapte cette lettre:

♣ Donne deux ou trois raisons.
• Regarde les **Phrases-clés**.
• Emploie des expressions des lettres de
l'exercice 4, par exemple: **en ce
moment; avec une autoroute**...

> Je suis <u>pour</u> l'autoroute. A mon
> avis, <u>il y aura moins d'accidents</u>.

F Je suis en panne!

Le week-end, Hélène travaille dans le garage de son père.

Garage Buissart

Nom: *Lebrun*

Panne ou accident: *panne*

Problème: *moteur et batterie*

Véhicule: marque *Citroën*

couleur *blanche*

Situation: *N10, au sud de Neuville*

1 Lis et écoute ces dialogues. Quel dialogue correspond à la fiche ci-dessus?

1

Hélène:	Allô. Garage Buissart.
Conducteur:	Je suis en panne.
Hélène:	Quel est le problème?
Conducteur:	Je ne sais pas, exactement.
Hélène:	La voiture est de quelle marque?
Conducteur:	C'est une Renault.
Hélène:	Vous êtes où?
Conducteur:	Je suis sur la D22 à l'est de Neuville.

2

Hélène:	Allô. Garage Buissart.
Conductrice:	Je suis en panne.
Hélène:	Quel est le problème?
Conductrice:	Le moteur ne marche pas. Et la batterie ne marche pas.
Hélène:	La voiture est de quelle marque et de quelle couleur?
Conductrice:	C'est une Citroën blanche.

Phrases-clés	
Le/la garagiste:	*Le conducteur/la conductrice:*
	Je suis en panne.
Quel est le problème?	Le moteur/la batterie ne marche pas. Je ne sais pas.
La voiture est de quelle marque?	C'est une Renault.
La voiture est de quelle couleur?	Elle est bleue/blanche/rouge/verte/noire.
Où êtes-vous?	Je suis sur la N11, au nord/au sud/à l'est/à l'ouest de Neuville.

2 Ecoute d'autres clients du Garage Buissart. Note les détails.

3 *A toi!*

a A deux, lisez les dialogues de l'exercice 1.

b Faites le jeu de rôle ◆ ou ♣. Changez de rôle.

◆

Garagiste:	Allô, Garage Buissart.
Vous:	Je suis en panne.
Garagiste:	Quel est le problème?
Vous:	
Garagiste:	La voiture est de quelle marque?
Vous:	
Garagiste:	Et votre nom?
Vous:	....
Garagiste:	Ça s'écrit comment?
Vous:	...

♣

A *Téléphone au garage:*

B *Garagiste: Répond au téléphone. Expressions utiles:*

Quel est le problème?

La voiture est de quelle marque?

La voiture est de quelle couleur?

Où êtes-vous?

Quel est votre nom?

4 Trouve la bonne phrase pour chaque illustration.

Pense au contexte, et emploie un dictionnaire, si nécessaire.

SECURITE   SECURITE   SECURITE   SECURITE   SECURITE

1 Mettez votre ceinture de sécurité. C'est obligatoire!
2 Vérifiez régulièrement l'huile et l'eau.
3 Doublez toujours à gauche.
4 En cas de pluie, de brouillard ou de neige, <u>ralentissez</u>!
5 Avant un long voyage, vérifiez vos pneus.
6 Gardez vos distances: 70 m à 130 km/h.

G Rouler... et stationner

Comprendre une carte routière, c'est facile. Mais, si nécessaire,
tu peux demander des renseignements.

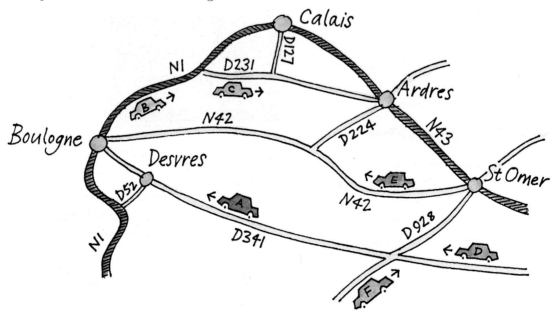

1 a Regarde la carte routière. Lis et écoute ces dialogues.

Voiture A: C'est bien la route pour Desvres? *Passant*: Oui, c'est tout droit.	*Voiture B*: C'est bien la route pour Ardres? *Passante*: Non. C'est la première à droite. C'est la D231.

b Peux-tu aider? Ecris tes réponses. Regarde les **Phrases-clés** pour t'aider.
Voiture A: C'est bien la route pour Boulogne?
Voiture B: C'est bien la route pour Calais?
Voiture C: C'est bien la route pour Calais?
Voiture D: C'est bien la route pour St-Omer?

c Ecoute la cassette et vérifie tes réponses.

2 Avec un(e) partenaire, inventez des dialogues pour les voitures E et F.

Phrases-clés	
C'est bien la route pour Calais?	Oui, c'est tout droit. Non, c'est la première à droite/à gauche. C'est la N1.
Est-ce que je peux stationner ici?	

3 Tu es en France avec ta famille. Vous voulez stationner: vous cherchez un parking.

Explique ces panneaux *en anglais* à ta famille.

1

> Stationnement interdit
> tous les jours
> entre 9h et 17h

2

> **P**
>
> Parking gratuit
> Ouvert tous les jours,
> sauf le dimanche

3

> Parking payant
> 3F par heure
> Fermé le lundi

4

> Stationnement
> interdit du lundi
> au vendredi

Stratégies
• Parfois, le contexte t'aide. *Exemple:* **entre** 8h **et** 19h. • Si nécessaire, emploie le dictionnaire. *Exemple:* **gratuit**

Phrases-clés à comprendre
gratuit ouvert/fermé tous les jours, sauf stationnement interdit entre 8h et 19h

4 *A toi!*

Joue avec un(e) partenaire.
Regardez la liste de situations.

• Partenaire A choisit un panneau
de l'exercice 3.
Il/elle demande à B:

> Numéro 2. Est-ce que je peux
> stationner ici?

Les situations
a On est lundi. Il est 18h.
b On est mercredi. Il est 8h.
c On est samedi. Il est 15h.
d On est dimanche. Il est 11h.

• B répond selon la situation:

> **a** Oui.   *ou*   **d** Non, je regrette.

Atelier

I Tu fais un reportage pour la radio nationale. C'est une description de ta ville.

> répète - rehearse
> un mot-clé - a key word

a Préparation
- Prépare ton texte.
- Répète le texte.
- Ecris deux ou trois mots-clés.
- Répète ton reportage. Regarde les mots-clés.
  Ne regarde pas le texte.

> ouest   Pays de Galles   mer

b Enregistre le reportage sur cassette.

Exemple:

> Je suis à Tywyn. C'est une ville située dans l'ouest
> du Pays de Galles. C'est au bord de la mer.
> C'est assez petit et très calme.

2 Voici des opinions sur l'aéroport.

  a Fais deux listes: pour et contre.

  b Et toi, tu es pour ou contre? «Moi, je suis...»

Opinions

> Il y aura plus de touristes.

> En ce moment, c'est calme ici. Il y aura plus de bruit.

> Il y aura plus de pollution.

> Il y a aura plus de travail.

> Un aéroport, c'est pratique pour les vacances.

3 A l'hôtel de ville de Neuville, on vote pour ou contre l'autoroute.

  a Ecoute le débat.

    ◆ Fais le total des votes *pour* et *contre*.

    ♣ ◆ + Note les raisons.

  b Qui gagne? Les *pour* ou les *contre*?

4 A vous de voter pour ou contre l'aéroport!

  ● Travaillez en groupe de cinq ou six.

  ● Chaque personne doit:

    - donner son opinion: pour ou contre

    - donner une ou deux raisons.

  ● Qui gagne? Les *pour* ou les *contre*?

8 ◆ Les jeux de rôle

Expressions-clés

Saluez... *Greet*	Présentez-vous *Introduce yourself*
Répondez... *Answer*	Demandez des informations *Ask for information*

 1 Travaillez à deux. Faites ces jeux de rôle. Changez de rôle.

Dans la rue   Rôle A

Votre partenaire est un(e) touriste dans votre ville. Répondez à ses questions.

- ✓ - - ✓

Dans la rue   Rôle B: un(e) touriste

- Pardon. Il y a une boulangerie près d'ici?
- Merci beaucoup. Elle ferme à quelle heure?
- Et est-ce qu'il y a un téléphone public près d'ici?

Chez votre correspondant(e)   Rôle A

Votre partenaire est votre correspondant(e) français(e). Posez des questions et demandez des informations.

- - -

Chez vous   Rôle B: le/la correspondant(e)

- Oui, bien sûr.
- Vers huit heures, normalement.
- Oui. Le téléphone est dans le salon.

Au collège en France   Rôle A

Vous allez au collège avec votre correspondant(e). Votre partenaire est son/sa professeur.

- Saluez le/la professeur et présentez-vous.

- Répondez à ses questions.

Au collège en France   Rôle B: le/la prof

- Bonjour.
- Tu habites où, en Grande-Bretagne?
- Quelle est ta matière préférée au collège?
- Pourquoi?

♣ Les jeux de rôle: des problèmes

Stratégies

En cas de problèmes...

- Demande à la personne de répéter.

- Hésite, pour avoir un peu plus de temps.

- Pense à d'autres possibilités.

> Pouvez-vous répéter, s'il vous plaît?

> Euh...   Alors...   Eh bien...

> L'hôtel est complet? Alors, il y a un autre hôtel près d'ici?

 1 Trouve deux solutions possibles pour chaque problème.

Problème A	**Problème B**	**Problème C**
- Je voudrais changer de l'argent.	- Je voudrais un kilo de poires, s'il vous plaît.	- Tu veux un sandwich au jambon?
- Je regrette, mais la banque ferme.	- Je suis désolée, mais je n'en ai pas aujourd'hui.	- Je regrette, mais je suis végétarienne.
- ?	- ?	- ?

Les solutions

a Alors, tu veux un sandwich au fromage?

b Euh...vous ouvrez à quelle heure demain?

c Eh bien... il y a un marché près d'ici?

d Il y a un bureau de change près d'ici?

e Alors, qu'est-ce que tu aimes manger?

f Alors, donnez-moi un kilo de pommes.

  2 **a** Travaillez à deux. Faites ces jeux de rôle. N'oubliez pas les **Stratégies.**
   b Inventez d'autres jeux de rôle avec des problèmes, pour vos camarades.

Au restaurant **Rôle A: le client/la cliente**
Vous commandez:

Au restaurant **Rôle B: le garçon/la serveuse**
Expressions utiles:
- Qu'est-ce que vous prenez pour commencer?
- Et comme plat principal/ légumes/ boisson?
Attention! Il n'y a pas de poulet.

A la gare **Rôle A: le/la touriste**
Achetez un billet:

Demandez des renseignements:

A la gare **Rôle B: l'employé(e)**
Expressions utiles:
- Voilà. Ça fait 400F.
- Quai numéro 1.
Attention! Il n'y a pas de train ce soir.
(Si le/la touriste le demande, il y a un train à 7h20 demain matin.)

UNITE 9 L'école et après

A Infos sur l'école

Mercredi, Hélène et Henri rentrent d'un voyage scolaire en Grande-Bretagne.

Jeudi, en classe.

Et les vacances en Grande-Bretagne sont comme chez nous, Henri?

Alors, les vacances de Noël, oui. Elles durent deux semaines.

Les vacances de Pâques durent combien de temps?

Elles durent deux semaines, comme chez nous.

Mais en été, les grandes vacances sont plus courtes que chez nous! C'est nul! Chez nous, elles durent huit ou neuf semaines.

Phrases-clés	
les vacances de Noël	
les vacances de Pâques	durent ... semaines
les grandes vacances	

plus longues - longer
plus courtes - shorter

 1

a Ecoute et lis la conversation.

b ◆ Décris les vacances chez toi. Regarde les **Phrases-clés** et écris des phrases.

♣ ◆ + Les vacances en France sont plus longues ou plus courtes que chez toi?

ON RIGOLE

Incollable

Quel est le fruit préféré des professeurs d'histoire?

R: (Les dattes) (Les dates)

Égalité

Toto, 3 et 3, ça fait quoi?

Match nul monsieur!

Mathmalice

Comment peut-on faire 100 avec quatre 9?

R: $99 + \frac{9}{9} = 100$ (car $\frac{9}{9} = 1$)

2 Ils ont combien d'heures de cours par semaine?

a Recopie la liste des pays. Fais tes prédictions.

Liste des pays
en Allemagne:
au Danemark:
en France:
en Italie:
au Japon:
au Royaume-Uni:

Heures de cours		
30,5		
	25	
26		30
	33	30

le Royaume-Uni - l'Angleterre,
l'Ecosse, le pays de Galles,
l'Irlande du Nord

30,5 (trente *virgule* cinq) = 30^1/2

b Ecoute la cassette.

◆ Vérifie tes réponses et corrige tes erreurs.

♣ ◆ + Pour chaque pays, note aussi le nombre de jours de classe dans l'année.

3 Voici des renseignements sur les examens en France.

Le baccalauréat (le bac)

En France, on passe le baccalauréat à l'âge de dix-huit ans.

On choisit le bac qu'on veut préparer. En voici quelques exemples:

le bac L (littéraire)

matières principales:
le français, une langue étrangère,
l'histoire-géo, la philosophie

**le bac ES
(économique et social)**

matières principales:
les sciences économiques
et sociales, le français, les
maths, l'histoire-géo

le bac S (scientifique)

matières principales:
les maths,
la physique-chimie,
la biologie-géologie ou la
technologie industrielle

On peut choisir aussi:
le bac STT, si on veut travailler dans le commerce, l'administration, les banques, etc
le bac SMS, si on veut travailler dans le social ou le paramédical
le bac STI, pour le travail dans l'industrie, le travail de technicien, etc
le bac STL, si on veut travailler dans un laboratoire.

Il y a des bacs très spécialisés pour la musique, la danse, les arts appliqués et l'hôtellerie.

a On fait quel bac si on veut être
1 secrétaire?
2 prof de sciences?
3 journaliste?
4 économiste?
5 infirmier d'ambulance?
6 médecin?
b Et toi, quel bac aimerais-tu faire?

B Que penses-tu de l'école?

C'est bien, l'école en Angleterre?

Ben, oui, les profs sont sympas... Et les élèves ont seulement une heure de devoirs chaque soir.

Mais, vous savez, il faut porter un uniforme!

Et nous, nous avons deux heures. Ça, c'est trop! Les devoirs, c'est casse-pieds.

Mais c'est ridicule, ça!

Oui, c'est dingue!

1 a Recopie les opinions des **Phrases-clés**.
   Pour chaque opinion, dessine un symbole, ☺ ou ☹ .
   b Ecoute la cassette pour vérifier.
   Exemples: C'est nul. ☹
            C'est une bonne idée. ☺

Phrases-clés	
c'est trop	c'est ridicule
c'est bien	c'est casse-pieds
c'est dingue	c'est nul
c'est une bonne idée	

2 Des élèves français parlent de l'école.
   a Recopie les phrases. Donne ton opinion.
   b Ecoute les élèves sur la cassette.

   ◆ Ils ont les mêmes opinions que toi? ✔ ou ✖
   ♣ Note leurs opinions.

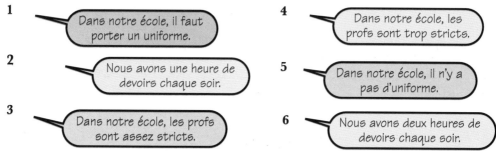

1 *Dans notre école, il faut porter un uniforme.*

2 *Nous avons une heure de devoirs chaque soir.*

3 *Dans notre école, les profs sont assez stricts.*

4 *Dans notre école, les profs sont trop stricts.*

5 *Dans notre école, il n'y a pas d'uniforme.*

6 *Nous avons deux heures de devoirs chaque soir.*

Phrases-clés	
Les profs sont (très/assez) sympas.	Les profs ne sont pas (très) sympas.
Les profs sont (assez/trop) stricts.	Les profs ne sont pas (très) stricts.
L'école, c'est... génial (etc).	
Il y a un club d'informatique.	Il y a une piscine moderne.
Il faut porter un uniforme.	Il n'y a pas d'uniforme.
Nous avons une heure et demie de devoirs chaque soir.	
A mon avis, c'est... ridicule (etc).	

3 Nathalie écrit à sa correspondante anglaise.

En ce moment, je trouve que l'école, c'est complètement nul!
On a parfois deux ou trois heures de devoirs le soir. C'est absolument ridicule!

Je vais au club de musique, mais c'est casse-pieds. Tu vas à un club, toi aussi? C'est intéressant?
En général, les profs sont très stricts. Mon prof de maths est super bien. Elle est vraiment sympa. Mais les autres profs ne sont pas sympas.

C'est vrai que vous portez un uniforme en Angleterre? A mon avis c'est bête!
Qu'est-ce que tu en penses?

Lis la lettre. C'est vrai ou faux?
1 Nathalie aime l'école.
2 Elle pense qu'elle a trop de devoirs.
3 Elle adore le club de musique.
4 Les profs sont sévères.
5 Elle n'aime pas son prof de maths.
6 Elle aimerait porter un uniforme.

Stratégie

Pense à l'*opinion* de Nathalie.
Exemple:
«...l'école, c'est complètement **nul**.» = elle n'aime pas l'école.

---

4 Ecoute d'autres élèves.
◆ Ils aiment l'école? Note: ✔✔ (= oui, beaucoup), ✔ (= ça va) ou ✖ (= non).
♣ ◆ + Donne une raison pour chaque personne.

5 *A toi!*

a Discute avec un(e) partenaire:
«Que penses-tu... des profs/des devoirs/des clubs/de l'uniforme?»
Exemple:

A — Que penses-tu des profs?

B — A mon avis, les profs sont trop stricts. C'est ridicule.

A — Je ne suis pas d'accord.

b Ecris une lettre sur ton école.
◆ Réponds à ces questions:
• Tu as combien d'heures de devoirs?
• Tu portes un uniforme?
• Les profs sont stricts?
• Il y a des clubs à l'école?

♣ Donne ton opinion.
Emploie des expressions de la lettre de Nathalie. *Exemples:*
en général; complètement; à mon avis.

C Tu as un petit job?

La correspondante anglaise de Nathalie a fait un sondage dans sa classe.

Classe: 11 TR   **Sondage sur les petits jobs**

Je n'ai pas de petit job.

Je travaille dans un magasin.

Je travaille dans un restaurant.

Je fais du baby-sitting.

Je distribue des journaux.

Autre

1 **a** Ecoute les résultats sur la cassette. Note le nombre d'élèves pour chaque catégorie. Exemple: Je n'ai pas de petit job - 9

    b Quelle catégorie est la plus populaire?

    c Quelle catégorie est la moins populaire?

> la plus - the most
> la moins - the least

2 Fais un sondage dans ta classe.
Exemple:

A — Tu as un petit job?   Oui, je travaille dans une pharmacie. B

A — Tu travailles quand?   Je travaille le vendredi soir. B

A — C'est bien payé?   C'est assez bien payé. B

A — Tu gagnes combien?   Je gagne sept livres. B

A — Tu reçois de l'argent de poche?   Non, je ne reçois pas d'argent de poche. B

Phrases-clés		
je travaille	dans un magasin dans un supermarché	
	dans un restaurant dans un café	
	le samedi tous les jours douze heures par semaine	
Je fais du baby-sitting.	Je distribue des journaux.	
C'est (assez) bien payé.	C'est mal payé.	
Je gagne dix livres par semaine.	Je gagne deux livres de l'heure.	
Je n'ai pas de petit job.		
Je reçois de l'argent de poche.	Je ne reçois pas d'argent de poche.	

3 Ecris les résultats du sondage.

◆ *Exemple:* "*Je travaille dans un magasin*" - *cinq personnes*

Cinq personnes travaillent dans un magasin.

une personne...	deux personnes...
travaille	travaillent
fait	font
distribue	distribuent
reçoit	reçoivent

 4 Lis ces deux lettres et réponds aux questions.

Le week-end, je travaille comme pompiste à la station-service de mon père. Je commence à huit heures. Le samedi, je finis à quatre heures, et le dimanche, je finis à midi.

Je gagne vingt-deux francs de l'heure. C'est assez intéressant.

Etienne

Je travaille tous les jours, du lundi au vendredi, après l'école. Je suis caissière dans un supermarché. Je fais deux heures par jour. C'est bien payé. Je gagne trente francs de l'heure. Mais c'est nul! C'est très ennuyeux.

Aurélie.

1 Qui travaille dans un magasin?
2 Qui gagne le plus? Combien de l'heure?
3 Qui travaille le plus? Combien d'heures par semaine?
4 Qui aime son travail?
5 Qui ne travaille pas le week-end?
6 Qui commence tôt le matin?
7 Qui travaille dans une entreprise familiale?

 5 *A toi!* Ecris une lettre similaire.

◆
Adapte cette lettre à ta situation:

Je travaille tous les jours. Je fais du babysitting. C'est mal payé.

♣
Emploie des mots comme **très**, **assez**.
Exemple: C'est **très** mal payé.

Donne ton opinion.
Exemple: C'est vraiment ennuyeux.

D Tu vas rester à l'école?

Après les examens, je veux continuer mes études à l'université.

Non, je vais quitter l'école. Je veux trouver un emploi. Je veux être secrétaire.

Moi aussi, je vais continuer mes études. Et toi, Hélène, tu vas rester à l'école et préparer ton bac?

Toi? Secrétaire?! Mais tu n'es pas bien organisée, et tu es toujours en retard!

1 Lis la conversation et écoute la cassette.

Les options...

Tu vas rester à l'école?

Tu vas quitter l'école?

Tu vas continuer tes études?

Tu vas trouver un emploi?

2 Ecoute les cinq jeunes sur la cassette.

Ils vont... quitter l'école (**Q**) ou rester à l'école (**R**)?

Phrases-clés		
l'année prochaine, après les examens,	je vais je veux ♣ j'espère	rester à l'école quitter l'école trouver un emploi continuer mes études

3 *A toi!* Demande à dix camarades de classe.

A **Qu'est-ce que tu vas faire après les examens?**

◆ **Je vais quitter l'école.** B

♣ **Je vais quitter l'école. J'espère trouver un emploi.** B

4 Lis l'article. Regarde les images, et écris les lettres des textes dans le bon ordre.

Inventeur de jeux-vidéo

Stéphane Baudet, 26 ans, travaille chez Infogrammes. Il invente des jeux-vidéo.

a A la fin, le programme, les dessins, les animations et la musique sont assemblés.

b Un musicien compose la musique et on fait les effets spéciaux.

c D'abord, je dessine le jeu sur papier, scène par scène.

d Les graphistes perfectionnent mes dessins. Ensuite, on fait l'animation.

  5 Lis cet article, puis réponds aux questions: c'est Sylvie ou Franck?

Qui... **1** a besoin d'une voiture pour son travail?   **3** soigne les chevaux?

2 soigne les hamsters?   **4** commence le plus tôt?

Sylvie et Franck Icéaga partagent la même passion pour le métier de vétérinaire. Sylvie soigne des animaux dans une clinique en ville. Son mari, Franck, exerce sa profession à la campagne, chez les agriculteurs et les éleveurs.

9h30, Sylvie arrive à la clinique. Au programme ce matin: l'opération d'un chat. Plus tard, elle soigne un chien renversé par une voiture.

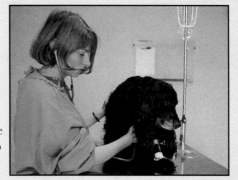

L'après-midi, Sylvie examine chiens et chats, vaccine, et donne des conseils sur la nourriture.

Franck, lui, soigne tous les animaux des fermes et passe son temps sur les routes. Ses clients habitent jusqu'à 45 kilomètres de son cabinet. Dès 8 heures, il est chez un client. Ses journées finissent vers 20 heures.

E Qu'est-ce que tu veux faire dans la vie?

1 **a** Trouve et recopie les raisons de chaque personne.

Exemple: Nathalie: «C'est intéressant, et je veux voyager.»

b Ensuite, écoute la cassette pour vérifier tes réponses.

Les raisons

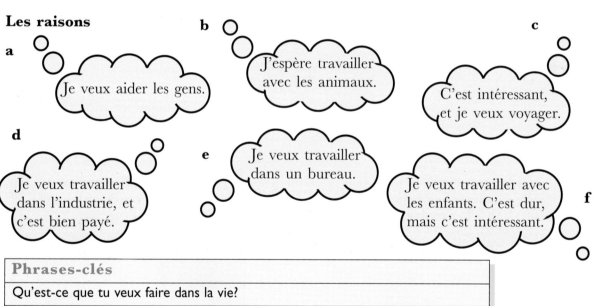

Phrases-clés			
Qu'est-ce que tu veux faire dans la vie?			
je veux être ♣ j'espère être	ingénieur médecin		professeur secrétaire
je veux travailler ♣ je ne veux pas travailler	avec	les gens les enfants	le public les animaux
	dans	l'industrie	un bureau
C'est bien payé. C'est intéressant.			

2 ◆ Cherche ces professions dans le dictionnaire et note l'anglais:

♣ ◆ + Note le féminin.

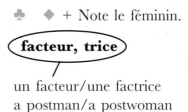

facteur, trice

un facteur/une factrice
a postman/a postwoman

facteur   infirmier   fermier
mécanicien   informaticien

 3 Comment apprendre le vocabulaire? Voici deux stratégies. Emploie chaque stratégie pour trois professions.

Stratégie 1
Fais des anagrammes.

Exemple (1):
postman - traceuf

Stratégie 2
Ecris des phrases qui vont bien ensemble. (- which go well together).

Exemple (2): Je veux voyager   C'est intércssant

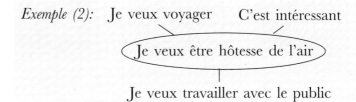

Je veux être hôtesse de l'air

Je veux travailler avec le public

 4 Ecoute les quatre jeunes sur la cassette.
◆ Pour chaque personne, note le travail ou le genre de travail qu'ils veulent faire.
Exemple: **1** banque
♣◆ + Note une raison pour justifier leur choix.

 5 *A toi!* Et toi, qu'est-ce que tu veux faire dans la vie?
◆Ecris une ou deux phrases simples.
Exemple: Je veux travailler dans l'industrie.
♣ Ecris des phrases plus longues. Donne des raisons.
Exemple: J'espère être ingénieur. Je veux travailler dans l'industrie, parce que c'est intéressant.

Stratégie
Demande à ton/ta professeur: «Pardon Monsieur/ Madame. Comment dit-on 'policeman'?» «On dit 'agent de police'»

 6 *A toi!* Demande à cinq camarades de classe:

A ── Qu'est-ce que tu veux faire dans la vie?   Je veux être facteur. ── B

A ── Pourquoi?   Parce que je ne veux pas travailler dans un bureau. ── B

F **Trouver un emploi**

Si vous habitez un pays de l'Union Européenne, vous pouvez trouver
un emploi dans un autre pays de l'UE.

  1 Ces Britanniques cherchent un emploi en
France.

◆ Peux-tu trouver un emploi pour chaque
personne? Note le numéro de téléphone.

♣ **a** ◆ + Note les détails *en anglais*.
b Note aussi les détails de l'autre
emploi, *en anglais*.

> **Stratégie**
> ♣ Tu ne trouves pas le mot dans le
> dictionnaire? Réfléchis!
>
> *Exemple:*
> mi... [mi] *adv.* half, mid, semi-;
>
> **mi** = half, mid, semi; **temps** = time
> **mi-temps** = part-time

Eleanor

Eddie

Chris

Patrick

a

Salon Frédérick
recherche

COIFFEUR / COIFFEUSE

pour travail à mi-temps
Expérience essentielle

Contacter Frédérick au: 49.34.12.65

d

Hôpital du Vesinet
15 Kms de Paris-RER

recrute

INFIRMIER(E)S
de Jour et de Nuit

Ecrire à M. le Directeur de
L'HOPITAL DU VESINET
72, avenue de la Princesse
78110 LE VESINET
Tél: 43 67 22 19

b

Libre service
en fruits
et légumes
recherche
CHAUFFEUR
POIDS LOURD
avec expérience
Se présenter
LEGER JACKY
149, rue Jean-Jaurès
94800 VILLEJUIF
☎ 47.26.11.85

c

Poissonnerie
Suresnes

recherche
CAISSIERE-
VENDEUSE

motivée, disponible
immédiatement
Pour R. D. V.
Téléphoner au:
45 06 10 06

e

COUPLE CHERCHE
jeune fille ou dame
pour garder leurs 2 filles pour la période
du 19 juillet au 19 août
A NOTRE DOMICILE
Tél: 066 74 40 08

Rachid écrit une lettre à l'office du tourisme.

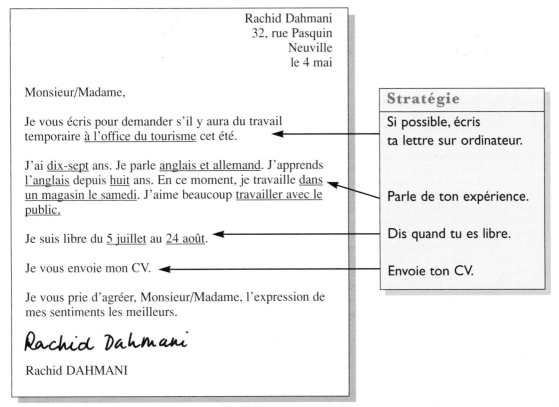

Rachid Dahmani
32, rue Pasquin
Neuville
le 4 mai

Monsieur/Madame,

Je vous écris pour demander s'il y aura du travail temporaire <u>à l'office du tourisme</u> cet été.

J'ai <u>dix-sept</u> ans. Je parle <u>anglais et allemand</u>. J'apprends <u>l'anglais</u> depuis <u>huit</u> ans. En ce moment, je travaille <u>dans un magasin le samedi</u>. J'aime beaucoup <u>travailler avec le public</u>.

Je suis libre du <u>5 juillet</u> au <u>24 août</u>.

Je vous envoie mon CV.

Je vous prie d'agréer, Monsieur/Madame, l'expression de mes sentiments les meilleurs.

Rachid Dahmani

Rachid DAHMANI

Stratégie

Si possible, écris ta lettre sur ordinateur.

Parle de ton expérience.

Dis quand tu es libre.

Envoie ton CV.

2 *À toi !*

Ecris une lettre similaire au supermarché ou à l'hôtel.
Change les mots <u>soulignés</u> dans la lettre de Rachid.
Exemples:
Je vous écris pour demander s'il y aura du travail temporaire <u>dans votre hôtel</u> cet été.
En ce moment, je travaille <u>dans un restaurant</u>.

CASINO
3 supermarchés à Besançon

St-Claude
Rue de
Vesoul

Chaprais
52, rue de
Belfort

St-Ferjeux
Place Bascule
110, rue de dole

TRAITEUR PÂTISSERIE
Des professionnels
à votre service

HOTEL**
LES RELAIS BLEUS
et son **RESTAURANT**
LES VALLIERES

Tel.: 81.52.02.02
3, rue Rubens
Besançon - Planoise
A 2 pas de Micropolis

G Le CV

CURRICULUM VITAE

Nom	DAHMANI
Prénom	Rachid
Adresse	32, rue Pasquin Neuville
Téléphone	34.90.02.62
Date de naissance	12 février 1980
Situation de famille	célibataire
Nationalité	algérien

Education

Collège Louis Pasteur, Neuville
Lycée Emile Zola, Neuville

Je prépare mon baccalauréat (Bac S).

Expérience

Petit job dans une pharmacie (cinq heures par semaine)
Parle anglais et allemand

Passe-temps

Membre de l'équipe de football du club des jeunes

---

 1 C'est la lettre (**L**), le curriculum vitae (**CV**) ou les deux (**2**)?

1 On demande du travail.
2 On dit quand on est né(e).
3 On dit si on est marié(e).
4 On parle de son expérience.
5 On écrit en phrases complètes.

> est né(e) - was born
> célibataire - single

 2 Ecris ton CV. Adapte le CV de Rachid.

3 Voici les fiches d'identité des membres du groupe belge *Bla Bla Posse*. Tu ressembles le plus à qui? A Emmanuel, à Sammy, à Nadia, à David, ou à personne (no-one)?

Bla Bla Posse

NADIA
ALIAS SHILY, LA PLUS GENTILLE
→ Née le : 21 octobre 1977
→ A : Bruxelles
→ Signe astrologique : Balance
→ Taille : 1,72 m
→ Poids : 54 kg
→ Cheveux : bruns
→ Yeux : marron
→ Hobbies : la musique, le chant, la danse
→ Son modèle : Janet Jackson
→ Caractère : râleuse
→ Déteste : l'hypocrisie, l'agitation, la violence
→ Situation de famille : célibataire, trois sœurs et trois frères.

DAVID
ALIAS BABY TWIST, LE PLUS MYSTÉRIEUX
→ Né le : 22 septembre 1974
→ A : Etterbeek, Belgique
→ Signe astrologique : Vierge
→ Taille : 1,75 m
→ Poids : 61 kg
→ Cheveux : blonds
→ Yeux : verts
→ Hobbies : regarder MTV, danser
→ Son modèle : MC Solaar
→ Caractère : sentimental et mystérieux
→ Déteste : la violence, les poissons !
→ Situation de famille : célibataire, une sœur.

EMMANUEL
ALIAS FALK, LE PLUS COOL
→ Né le : 8 septembre 1975
→ A : Bruxelles
→ Signe astrologique : Vierge
→ Taille : 1,77 m
→ Poids : 65 kg
→ Cheveux : châtains
→ Yeux : bleus
→ Hobbies : la musique, le chant, la danse
→ Son modèle : Shabba Ranks
→ Caractère : vif et bavard
→ Déteste : la frime et les frimeurs, la violence
→ Situation de famille : célibataire, un frère.

SAMMY
ALIAS DADDY SOLO, LE PLUS CHARMEUR
→ Né le : 8 août 1976
→ A : Bruxelles
→ Signe astrologique : Vierge
→ Taille : 1,77 m
→ Poids : 65 kg
→ Cheveux : châtains
→ Yeux : bleus
→ Hobbies : la musique et le sport
→ Son modèle : MC Solaar
→ Caractère : vif et blagueur
→ Déteste : les baratineurs
→ Situation de famille : célibataire, deux frères et une sœur.

vif - animé, énergique	râleuse - elle critique toujours, elle n'est jamais contente	blagueur - il raconte des blagues (des histoires amusantes)
bavard - il parle beaucoup		
les frimeurs - les gens qui veulent impressionner les autres		les baratineurs - les gens qui flirtent

---

Stratégie

Pour comprendre les catégories, regarde les réponses. *Exemple:*
Né le: 8 septembre 1975 - **born** on the...

---

4 a Pose des questions à ton/ta partenaire, et note ses réponses.

Tu es né(e) quand?   Qu'est-ce que tu détestes?
Tu es né(e) où?   Quel est ton caractère?
Quels sont tes hobbies?   Quelle est ta situation de famille?

b Ensuite, écris la fiche d'identité de ton/ta partenaire.

5 *A toi !*

Ecris une fiche d'identité pour toi.
Si tu veux, écris aussi une fiche d'identité pour une célébrité.

H Optimiste ou pessimiste?

Qu'est-ce qui vous inquiète le plus?

l'environnement   le chômage   le SIDA

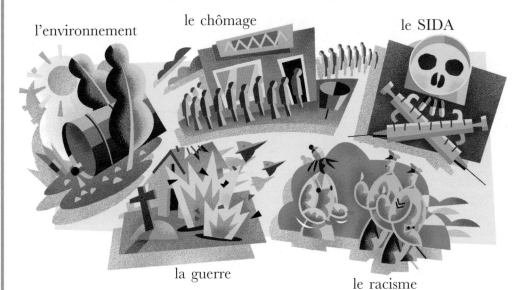

la guerre   le racisme

Nos lecteurs nous répondent:

Moi, ce qui m'inquiète, c'est l'environnement. Il y a trop de pollution dans la ville, à la campagne, et même dans la mer. C'est un très grand problème.
Jean-François, 15 ans

La guerre et le racisme m'inquiètent, mais je pense qu'on fait des progrès dans beaucoup de pays. Ça va changer!
Adeline, 18 ans

Ce qui m'inquiète, c'est le SIDA. Il faut trouver un vaccin pour cette maladie très grave. Mais je suis optimiste.
Christophe, 17 ans

Le chômage m'inquiète beaucoup. Mon frère est au chômage depuis deux ans. C'est terrible.
Naïma, 16 ans

L'environnement m'inquiète, mais je suis optimiste. Je suis membre de *Greenpeace* et j'achète des produits recyclés.
Noémie 16 ans

A mon avis, la guerre est un problème sérieux. A mon avis, la situation ne va jamais changer.
Xavier, 16 ans

 1 Lis cet article de magazine.

a Pour chaque personne, écris **+** (attitude positive) ou **-** (attitude négative).

b Tu es d'accord avec qui?

Exemple: Je suis d'accord avec Naïma. Le chômage m'inquiète beaucoup.

Phrases-clés		
le chômage le SIDA le racisme	la guerre l'environnement	m'inquiète
Je suis optimiste.	Je suis pessimiste.	

 2 Tu vas entendre une conversation entre Rachid, Hélène, Henri et Nathalie.

◆ Quel(s) problème(s) les inquiète(nt) le plus?

♣ ◆ + Pour chaque personne, note **optimiste** ou **pessimiste**.

 3 *A toi!*

a Discute de ces problèmes avec cinq ou six camarades de classe.

A
> Tu es optimiste ou pessimiste, Nicola?

B
> Le SIDA m'inquiète, mais je suis optimiste. Et toi, James?

C
> Moi, je suis pessimiste.
> L'environnement m'inquiète beaucoup.

 b Ecris les résultats. *Exemple:*

> Ce qui m'inquiète c'est...
> le racisme - 2 personnes
> le chômage - 0

> Je suis optimiste - 3 personnes
> Je suis pessimiste - 2 personnes

4 Lis ce poème.

a C'est un poème inspiré par
- le chômage?
- le racisme?
- la guerre?

b Tu aimes le poème?
- oui, beaucoup.
- bof...
- non, pas du tout.

> je suis né - I was born
> j'ai grandi - I grew up
> j'ai peur - I am afraid
> je mourrai - I (will) die
> je serai - I will be

Cher frère blanc,

Quand je suis né, j'étais noir,
Quand j'ai grandi, j'étais noir,
Quand je vais au soleil, je suis noir,
Quand j'ai peur, je suis noir,
Quand je suis malade, je suis noir,
Quand je mourrai, je serai noir.

Tandis que toi, homme blanc,
Quand tu es né, tu étais rose,
Quand tu as grandi, tu étais blanc,
Quand tu vas au soleil, tu es rouge,
Quand tu as peur, tu es jaune,
Quand tu es malade, tu es vert,
Quand tu mourras, tu seras gris.

Alors, de nous deux,
Qui est l'homme de couleur?

I **Mes ambitions**

Au mariage de Florence,
la cousine de Nathalie...

Félicitations!

Quelle belle robe!

Tu aimerais te marier un jour, Nathalie?

Moi?
Non! J'aimerais faire un métier passionnant, par exemple journaliste célèbre. J'aimerais voyager, et visiter des pays exotiques.

Plus tard, j'aimerais avoir deux ou trois enfants et une belle maison à la campagne. J'aimerais être assez riche, je suppose.

Et toi, Rachid?

Moi, j'aimerais me marier un jour... Puis, j'aimerais aussi trouver un vaccin contre le SIDA.

Moi, j'aimerais avoir un appartement à Paris. Mais le plus important, c'est que j'aimerais être heureuse.

1 Lis et écoute la conversation.
Les ambitions de Rachid vont bien avec les ambitions de Nathalie, à ton avis?

2 Ecoute la cassette. Six jeunes parlent de leurs ambitions.
◆ Note l'image qui correspond à chaque personne.
♣ ◆ + Note les détails.

a   b   c   d

e   f   g

Phrases-clés		
♣ plus tard ♣ un jour	j'aimerais...	me marier faire un métier intéressant avoir... des enfants/une belle maison/un appartement en ville être... riche/célèbre/heureux (heureuse)

3 Tu reçois ces messages par courrier électronique.

Pour chaque personne, note: vrai (**V**), faux (**F**) ou on ne sait pas (**NSP**):

1 L'argent est important.

2 Le travail est important.

3 La vie de famille est importante.

> VOICI MES AMBITIONS. PLUS TARD, J'AIMERAIS FAIRE UN METIER INTERESSANT ET TRES BIEN PAYE, PAR EXEMPLE DIRECTRICE D'UNE COMPAGNIE. J'AIMERAIS ETRE HEUREUSE.
> FABIENNE
>
> J'AIMERAIS ETRE RICHE ET CELEBRE, UN JOUR. J'AIMERAIS AVOIR UNE BELLE VOITURE ET UN APPARTEMENT A PARIS. CE SERAIT GENIAL! J'ADORE LA CAPITALE. JE NE VEUX PAS ME MARIER.
> ERIC
>
> J'AIMERAIS ME MARIER AVEC MON COPAIN. ON SORT ENSEMBLE DEPUIS CINQ ANS. ENSUITE, J'AIMERAIS RESTER A LA MAISON AVEC MES ENFANTS. JE N'AIMERAIS PAS VRAIMENT ETRE RICHE.
> ELEONORE

4 *A toi!*

a Qu'est-ce qui est important pour toi?

◆ Prends des notes. *Exemple:*

Très important	Assez important	Pas important
me marier	faire un métier intéressant	être riche

♣ ◆ + Ecris un message au sujet de tes ambitions. *Exemple:*

«Plus tard, j'aimerais me marier. J'aimerais...»

b En groupes de quatre, utilisez vos notes et comparez vos ambitions.

A — Quelles sont tes ambitions?

B — Alors, moi j'aimerais faire un métier intéressant...

C — Moi aussi. Et j'aimerais me marier...

J Atelier

Rachid a envoyé une lettre et son CV à l'Office du Tourisme. Mardi, à 10 heures, il a un entretien.

Préparation pour un entretien

1 Voici des conseils.
  Quel conseil correspond à quelle image?
  Ecris la lettre.

Les conseils

1 Attention à ton apparence physique, par exemple tes vêtements! Ne mets pas ton vieux jean sale.

2 Prépare des questions sur le travail ou sur la compagnie.

3 L'entretien, c'est où, exactement? Vérifie les détails.

4 N'arrive pas en retard. Pour faire bonne impression, il faut arriver à l'heure.

2 Prépare-toi à répondre à des questions pendant l'entretien.
Recopie les questions avec les réponses qui correspondent.

Questions

1 Quels examens préparez-vous?

2 Vous parlez une langue étrangère?

3 Pourquoi aimeriez-vous cet emploi?

4 Quelle expérience avez-vous?

5 Quels sont vos passe-temps?

Réponses

a C'est intéressant. J'aime travailler avec les gens.

b Je joue au football.

c Je prépare des examens (des GCSEs) en maths, sciences et technologie.

d L'année passée, j'ai travaillé dans un restaurant.

e Je parle français depuis quatre ans.

L'entretien

3 Ecoute l'entretien de Rachid.
- Vérifie tes réponses à l'exercice 2.
- Est-ce que Rachid est accepté pour le poste?

4 Il est important de faire bonne impression pendant un entretien.

Stratégie

Ne réponds pas seulement «Oui.» ou «Non.».
Donne des réponses plus intéressantes avec des informations utiles.
Exemples:
«Vous avez déjà travaillé dans un hôtel?»
«Oui. C'était intéressant.»   ou   «Non, mais j'ai travaillé dans un restaurant.»

Ecoute les trois entretiens pour le poste
de réceptionniste d'hôtel.
- Les candidats font bonne impression, à ton avis? (Oui ou non)
- ♣ ◆ + Lis la description dans le journal.
  Prends des notes sur chaque candidat.
  A ton avis, qui est le meilleur candidat?

l'Hôtel du Parc
recherche
RECEPTIONNISTE
expérience importante
langues étrangères indispensables

5 Toi, tu as un entretien!
Décide: c'est un job dans un hôtel, dans un magasin, ou dans un restaurant?

a Prépare tes réponses aux questions de l'exercice 2.
b Travaille avec ton/ta partenaire.
- Ton/ta partenaire pose les questions. Réponds aux questions, mais ne regarde pas tes notes.
- Ton/ta partenaire dit si tu fais bonne impression ou non.

c Ensuite, changez de rôle.

Jeanne d'Arc est une légende, une grande héroïne,
un symbole du patriotisme français.

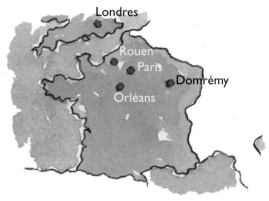

1

Jeanne d'Arc est née pendant la Guerre de
Cent Ans entre la France et l'Angleterre.
L'invasion anglaise commence en 1345.

2

Jeanne est née en 1412. Sa famille habite à Domrémy,
un petit village de Lorraine.

3

C'est une famille catholique,
honnête, et pas très riche. La vie
de Jeanne est simple et ordinaire.
C'est une fille sérieuse, très pieuse
et assez solitaire.

4

Mais à l'âge de douze ans, Jeanne a une
expérience bizarre. Elle commence à
entendre des voix. Le saint Michel et la
sainte Catherine parlent à Jeanne. Les
saints disent que Jeanne va sauver la
France.

5

Pendant cinq ans, ces
visions continuent. A la
fin, elle va voir Charles,
le roi de France, dans
son château. Elle lui
explique sa mission et
demande une armée.

6

Après un peu d'hésitation, le roi
donne à Jeanne une armure et un
cheval. Jeanne part pour Orléans,
qui est en état de siège, occupée par
les Anglais.

7

Inspirée par le courage de Jeanne, l'armée française est victorieuse.
Jeanne est blessée, mais pas sérieusement. Elle continue. Avec son
armée, elle libère les villes de Troyes, Châlons et Reims.

8

Mais en mai 1430, désastre! Jeanne est capturée. Pendant un an, elle est prisonnière des Anglais.

9

En prison, ses visions des saints continuent. Elle a toujours les cheveux courts, et elle porte des vêtements de garçon. Elle refuse de porter une robe.

10

En mai 1431, Jeanne est jugée par un tribunal de l'église catholique. Elle est déclarée hérétique et condamnée à mort.

11

Le 30 mai, Jeanne, toujours courageuse, est brûlée. Elle a seulement dix-neuf ans. Un Anglais s'exclame: «Nous avons brûlé une sainte!».

12

En effet, en 1920, 500 ans plus tard, Jeanne d'Arc est déclarée **Sainte Jeanne**.

Vrai ou faux?

1 La famille de Jeanne a beaucoup d'argent.

2 Quand Jeanne a 12 ans elle entend les voix des saints.

3 Elle va immédiatement voir le roi.

4 Le père de Jeanne lui donne un cheval.

5 Jeanne libère Orléans des Anglais.

6 A l'âge de 12 ans, Jeanne est capturée par les Anglais.

7 Elle reste en prison pendant 5 ans.

8 Elle est exécutée à l'âge de 19 ans.

UNITE 10 La France et l'Europe

A Ma région

Pendant les grandes vacances, Nathalie et Rachid travaillent pour l'Office du Tourisme. Nathalie est guide touristique.

> C'est une région industrielle, mais il y a aussi des activités pour les touristes. Par exemple, il y a Arras, une ville historique. Dans les grandes villes, il y a beaucoup de choses pour les jeunes. C'est bien.

Un touriste parle de sa région:

> Ça, c'est intéressant. Moi, j'habite une région rurale. Il y a des parcs et des villages pittoresques. On peut faire des promenades et explorer les villages. Le paysage est beau, mais il n'y a rien pour les jeunes. C'est nul!

1 Lis et écoute le texte.

Quelle région aimerais-tu visiter: la région de Nathalie ou la région du touriste? «J'aimerais visiter...»

Phrases-clés			
c'est une région	historique	touristique	industrielle
le paysage	est beau	n'est pas très beau	
il y a	des parcs des châteaux des villages pittoresques		
on peut	faire des promenades explorer les villages	aller à la pêche faire des excursions	
c'est	super bien casse-pieds nul	intéressant	

2 Ecoute la cassette. Cinq personnes parlent de leur région.
- ◆ Est-ce que chaque région est bien pour le tourisme? Ecris **oui** ou **non**.
- ♣ ◆ + Pourquoi? Donne une raison.

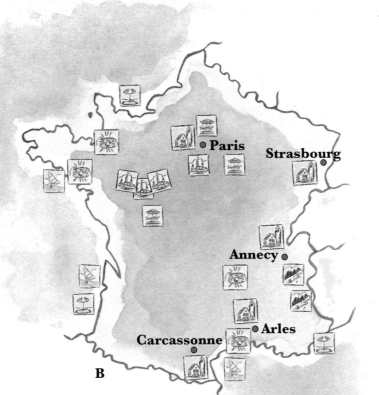

Légende

- de bonne plages
- des pistes de ski
- des ville intéressantes
- des parcs d'attractions
- des sports nautiques
- des châteaux
- des curiosités touristiques

3 Regarde la carte. C'est vrai ou faux?

1 On peut faire des sports de montagne dans le nord.
2 Il y a des châteaux dans le centre.
3 Il y a de bonnes plages dans l'est.
4 On peut faire des sports nautiques dans le sud.
5 Il y a des villes intéressantes dans l'ouest.
6 Il y a des curiosités touristiques dans le nord.

> dans le nord
> dans le sud
> dans l'est
> dans l'ouest
> dans le centre

4 A deux, faites une carte similaire de votre pays. Discutez des détails. *Exemple:*

A — Alors, les sports de montagne...

On peut faire des sports de montagne dans le nord. — B

A — Oui, c'est vrai.

5 *A toi !*

a Prépare deux descriptions de ta région:
  - une pour les touristes
  - une pour ton/ta correspondant(e).

b Fais un exposé à ton/ta partenaire.
  Il/elle doit identifier la description pour les touristes.
  ◆ Regarde les exemples pour t'aider. ♣ Ne regarde pas les exemples.
  Exemples:

> C'est une région touristique dans le nord. Le paysage est pittoresque. Il y a beaucoup d'activités pour les touristes. On peut visiter des châteaux.

> C'est une région touristique. On peut faire des promenades. Il n'y a rien pour les jeunes.

B Le climat est agréable

Info-touristes:
le climat français

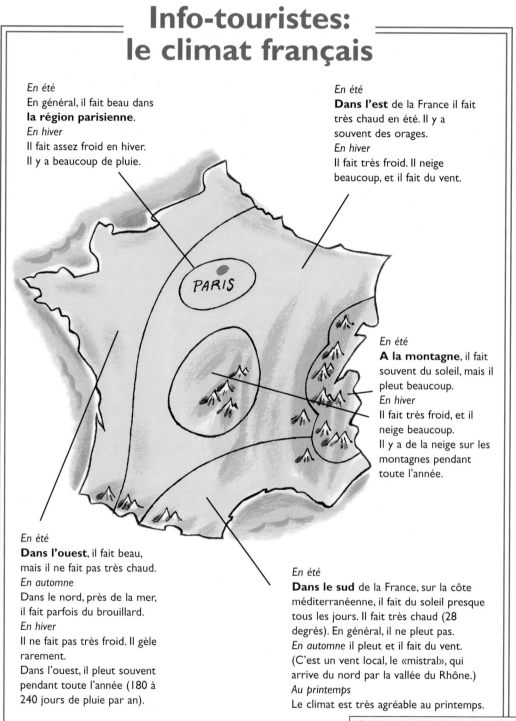

En été
En général, il fait beau dans **la région parisienne**.
En hiver
Il fait assez froid en hiver. Il y a beaucoup de pluie.

En été
Dans l'est de la France il fait très chaud en été. Il y a souvent des orages.
En hiver
Il fait très froid. Il neige beaucoup, et il fait du vent.

En été
A la montagne, il fait souvent du soleil, mais il pleut beaucoup.
En hiver
Il fait très froid, et il neige beaucoup. Il y a de la neige sur les montagnes pendant toute l'année.

En été
Dans l'ouest, il fait beau, mais il ne fait pas très chaud.
En automne
Dans le nord, près de la mer, il fait parfois du brouillard.
En hiver
Il ne fait pas très froid. Il gèle rarement.
Dans l'ouest, il pleut souvent pendant toute l'année (180 à 240 jours de pluie par an).

En été
Dans le sud de la France, sur la côte méditerranéenne, il fait du soleil presque tous les jours. Il fait très chaud (28 degrés). En général, il ne pleut pas.
En automne il pleut et il fait du vent. (C'est un vent local, le «mistral», qui arrive du nord par la vallée du Rhône.)
Au printemps
Le climat est très agréable au printemps.

Stratégie

il gèle ⟶ geler
geler v to freeze

le printemps:
mars, avril, mai

l'été:
juin, juillet, août

l'automne:
septembre, octobre, novembre

l'hiver:
décembre, janvier, février

Phrases-clés		
au printemps en été	il fait (très/assez)	beau mauvais chaud froid
en automne en hiver	il fait (parfois/souvent)	du soleil du vent du brouillard
en général	il neige il pleut il gèle	il y a beaucoup de pluie
le climat est agréable/n'est pas très agréable		

 1 Lis les renseignements sur le climat. Tu préfères le climat: dans l'ouest/dans le sud/dans l'est/à la montagne/dans la région parisienne?

 2 Ecoute la cassette. Trois personnes parlent de leur région. Prends des notes.
◆ C'est où? (Voir l'exercice 1.)
♣ ◆ + Tu aimes le climat? Pourquoi?

 3 **Jeu**
Partenaire A décrit une saison dans votre région. Partenaire B identifie la saison.

A
> Il fait assez beau. Il ne fait pas chaud. Parfois, il gèle.

> C'est le printemps?

B

A
> Oui, tu as raison.

> N'oublie pas ces mots utiles:
> il gèle **souvent / rarement / parfois**
> il **ne** gèle **jamais**

 4 *A toi!*

Ecris des renseignements pour les touristes sur le climat
◆ dans ta région.   ♣ dans ton pays.

◆ *Exemple:*
En été, il fait beau. Il fait du soleil.

♣ *Exemple:*
En général, il fait beau en été dans le sud.
Il fait assez chaud. Parfois, il pleut ...

> ♣ **Stratégie**
> Gagne des points à l'examen!
> Ecris des phrases plus complexes.

C **Connais-tu l'Europe?**

Jeu-test:
C'est quel pays?

1 Copenhague est la capitale:
a) de la Norvège.
b) du Danemark.
c) de la Finlande.

2 En Suisse, on parle:
a) français, allemand.
b) français, allemand et italien.
c) français et italien.

3 Le pays le plus petit d'Europe est:
a) le Luxembourg.
b) les Pays-Bas (la Hollande).
c) la Belgique.

4 *L'escudo* est la monnaie:
a) espagnole.
b) autrichienne.
c) portugaise.

5 La fête nationale en France est:
a) le premier mai.
b) le trente septembre.
c) le quatorze juillet.

6 Adolphe Sax, inventeur du saxophone, était:
a) belge.
b) allemand.
c) français.

7 C'est le drapeau:
a) hollandais.
b) suédois.
c) grec.

8 Le montagnes qui s'appellent les *Pyrénées* se trouvent:
a) entre la France et la Suisse.
b) entre la France et l'Espagne.
c) entre l'Espagne et le Portugal.

 1 Fais le jeu-test. Quel est ton score?

Réponses:

8 b)	7 a)	6 a)	5 c)
4 c)	3 a)	2 a)	1 b)

 2 Voici une «fiche d'identité» de la France. Ecris une «fiche d'identité» pour ton pays.

fiche d'identité: la France

capitale:	Paris
langue officielle:	le français
monnaie:	le franc
population:	environ 58 millions
port principal:	Marseille
religion principale:	catholique
couleurs du drapeau:	bleu, blanc, rouge

D Es-tu écolo?

Et toi, tu es très écolo? Tu travailles dans le tourisme, quand même! Ce n'est pas très écolo, ça!

Demain, c'est le premier meeting du groupe écolo. Je suppose que tu ne viens pas...

Au meeting du groupe écolo...

Alors, pour protéger l'environnement, on peut acheter de l'essence sans plomb.

Oui, ça, c'est une bonne idée.

Ben... on peut acheter des produits biodégradables, aussi, et du papier recyclé.

Oui, mai c'est che

Oui, ou marcher à pied!

On peut prendre le bus ou le vélo...

Mais ce n'est pas toujours facile...

En plus, on peut recycler le papier, les canettes de coca, le verre...

 1

a Lis et écoute les conversations.

b Ensuite, écoute six autres personnes. Elles parlent de quels sujets:

    A des transports?

    B des produits?

    C du recyclage?

Exemple: **1** B

Phrases-clés

on peut...	recycler	le papier le verre les canettes de coca
	acheter	des produits biodégradables du papier recyclé de l'essence sans plomb
	prendre	le bus le vélo
	marcher à pied	

c'est une bonne idée   c'est pratique
c'est (trop) cher   ce n'est pas (toujours) facile
moi, je fais ça   on fait ça chez moi

2 A deux ou en groupe, discutez des idées contenues dans les **Phrases-clés**.
Exemple:

A
«On peut recycler le papier.»
On fait ça chez moi.

B
A mon avis, c'est une bonne idée.

C
Oui, mais ce n'est pas toujours très facile.

3 Tu lis ces lettres dans un magazine de jeunes.
◆ Est-ce que chaque personne/famille est:
  • très écolo?
  • assez écolo?
  • pas très écolo?
♣ ◆ + Ecris une lettre similaire.

♣
moi,   dans ma famille,
j'achète...   on achète...
je recycle...   on recycle...
je vais...   on va...

Moi, j'essaie de protéger l'environnement. J'achète toujours des produits recyclés, comme, par exemple, le papier. Au collège, j'ai même organisé une collection de canettes. Je suis membre de Greenpeace.
Anaïs, 16 ans

Dans ma famille, on n'achète jamais de produits biodégradables, parce qu'ils sont trops chers.
Mes parents aimeraient acheter de l'essence sans-plomb, mais leur voiture prend seulement du super.
Nicolas, 17 ans

Dans le parking de notre supermarché, il y a un container spécial pour recycler le papier. Parfois, nous apportons nos vieux journaux, mais souvent, on oublie. C'est assez loin de chez nous, donc ce n'est pas très pratique. En plus, on n'achète pas de papier recyclé, parce que c'est trop cher.
Laurent, 15 ans

Dans ma famille, on prend le bus ou le vélo, si possible. Moi, je vais au collège à pied, même quand il pleut!
Mes parents achètent toujours des produits recyclés.
Sophie, 16 ans

E L'environnement

1 Ecris les numéros et les lettres qui correspondent.

Comment économiser l'eau?

1 Prends une douche. Une douche consomme 60 litres d'eau,
mais un bain en consomme 150 litres!

2 En été, ne lave pas ta voiture. Il faut 150 litres d'eau pour laver une seule voiture.

3 Ferme bien les robinets dans la salle de bains et la cuisine.

4 Arrose le jardin le soir, quand il y a moins d'évaporation.

a   b   c   d

2 Voici des statistiques sur la biodégradation.

a Quelle statistique correspond à quel objet? Ecris tes prédictions.
Exemple **1** plus de 100 ans

b Ensuite, écoute la cassette pour vérifier tes réponses.

1 Un pneu en caoutchouc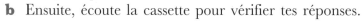

2 Une peau de banane

3 Un sac en plastique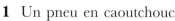

4 Des déchets nucléaires

5 Une chaise en bois

6 Un journal

7 Une cannette de Coca-Cola

Temps nécessaire pour se biodégrader:

- quelques semaines
- 6 mois
- de 3 à 4 ans
- quelques dizaines d'années
- plus de 100 ans
- de 300 ans à des milliers d'années
- plusieurs milliers d'années

une dizaine - 10
un millier - 1 000
plusieurs - beaucoup

3 Tu trouves deux articles sur la pollution dans un magazine français.

a Ton ami ne parle pas français. Lis le premier article, et réponds à ses questions *en anglais:*
- Can you explain the situation and the risks?
- What are the possible solutions?

Alerte à la pollution

Air pollué: les risques

Premier responsable de la pollution des villes: l'automobile. La pollution automobile a augmenté de 23% en vingt ans. Elle est parfois dangereuse pour la santé. Premières victimes de la pollution automobile: les personnes âgées, les enfants tout petits et les asthmatiques.

Quelles solutions?

- Multiplier les transports en commun, surtout les métros et les tramways électriques.
- Créer des pistes spéciales pour les cyclistes.
- Equiper les voitures d'un pot catalytique.
- Changer ses habitudes! Marcher, faire du vélo, prendre le bus ou le tramway... et laisser la voiture à la maison.

b Lis le deuxième article. C'est vrai ou faux?

1 On peut conduire dans le centre d'Athènes quand il fait froid.
2 On peut conduire dans le centre d'Athènes quand il fait chaud.
3 On peut conduire dans le centre de Rome le jeudi après-midi en janvier.
4 En Allemagne, les jours de pollution, on ne peut pas conduire une voiture qui n'a pas de pot catalytique.
5 Les employés, à Copenhague, peuvent louer des vélos, mais ils doivent payer.

Et dans d'autres pays?

- **En Grèce**
Quand il fait chaud, la circulation est totalement interdite dans le centre d'Athènes.
- **En Italie**
La circulation est interdite dans le centre de Rome tous les jeudis après-midi, de mi-novembre à mi-mars.
- **En Allemagne**
Les jours de pollution, les voitures sans pot catalytique restent au garage.
- **Au Danemark**
Les employés à Copenhague peuvent emprunter des vélos gratuitement.

F Atelier

A ton avis, comment finit l'histoire de Nathalie et Rachid?

1 ◆ Lis les cinq fins possibles à la page 187. Quelle fin préfères-tu?
Exemple: Je préfère la fin B.
♣ ◆ + En groupe, inventez une fin différente.

A
Alors, Nathalie et Rachid restent ensemble, d'accord?

B
D'accord. Rachid travaille comme vétérinaire?

C
Non, il joue de la guitare dans un groupe!

D
Mais non, c'est bête, ça!

2 La classe vote pour choisir la fin préférée.

la fin - the end	le temps - the time
devient - becomes	s'amuse bien - has a good time
restent - remain, stay	ensemble - together
se voient - see each other	

Fin A:
Nathalie devient journaliste de télé. Elle voyage beaucoup.
Rachid devient un célèbre médecin. Il trouve un vaccin contre le SIDA.
Nathalie et Rachid restent amis, mais ils se voient rarement. Ils n'ont pas le temps!

Fin B:
Rachid quitte Nathalie.
Il trouve un emploi à Bruxelles, où il loue un appartement avec Denise.
Nathalie va à Paris. Elle s'amuse bien: elle sort tous les soirs. Elle a beaucoup de petits copains.

Fin C:
Nathalie et Rachid restent ensemble. Nathalie travaille comme journaliste et Rachid travaille comme dentiste. Ils ont trois enfants.

Fin D:
Nathalie quitte Rachid. Elle devient membre d'un groupe pour la libération des animaux.
Rachid va en Afrique avec *Médecins Sans Frontières*.

MSF est une organisation humanitaire qui aide les victimes de la guerre et des catastrophes.

Fin E:
Nathalie et Rachid se marient, mais ça ne va pas bien. Ils sont trop différents l'un de l'autre. Cinq ans plus tard, il divorcent.

Bravo! Tu as fini *Camarades!*

C'est bientôt l'examen. Pas de panique! Voici des suggestions pour t'aider.

Révise un peu tous les jours. Fais un planning.

Révise les choses que tu trouves difficiles.

Si possible, révise dans le calme, par exemple dans une bibliothèque.

Mange bien et fais aussi de l'exercice!

Vérifie le jour et l'heure de l'examen.

Le jour de l'examen, prends un bon petit déjeuner.

N'oublie pas tes stylos et crayons.

Reste calme. Lis attentivement les questions.

Epreuve finale
Epreuve d'écoute

Foundation

Don't write in the book!

Exercice 1

Pour chaque question, cochez UNE case seulement. Vous entendrez chaque question deux fois.

Voici un exemple.

Exemple: Dans un café, vous demandez l'addition. C'est combien?

a 12F   □   **b** 15F   □   **c** 25F   □   **d** 50F   □

La réponse est b.

A vous, maintenant.

1 Dans un hôtel. Où est la chambre?

a □
b □
c □
d □

[1]

2 Le petit déjeuner commence à quelle heure?

a □   **b** □   **c** □   **d** □

[1]

3 Près de l'hôtel, que peut-on faire?

a □    **b** □    **c** □    **d** □

[1]

4 Pour aller à la gare, il faut quel moyen de transport?

a ☐   **b** ☐   **c** ☐   **d** ☐

[1]
[4]

Exercice 2

Vous allez entendre Victor.
Regardez les notes et les questions 5 à 12.
Ecoutez Victor et complétez les détails **en français** ou en chiffres, ou cochez la case appropriée.
Vous entendrez Victor deux fois.

VICTOR

Nom de famille: _Caval_

5 Age: _____ _ans_   [1]

6 Anniversaire: _le_ _____ _____   [1]

7 Physique: (Cochez UNE case)

a ☐   **b** ☐   **c** ☐   **d** ☐

[1]

8 Sport préféré: (Cochez UNE case)

a ☐   **b** ☐   **c** ☐   **d** ☐   [1]

9 Autre activité: (Cochez UNE case)

a ☐   **b** ☐   **c** ☐   **d** ☐   [1]

10 Situation du village: (Cochez UNE case)
☐

a ☐   **b** ☐   **c** ☐   **d** ☐   [1]

11 Près de la ville de: ___ ___ ___ ___ ___ ___   [1]

12 Que pense Victor du village?   (Cochez UNE case)

a ☐   **b** ☐   **c** ☐   [1]
[8]

Exercice 3

Regardez la grille et les questions 13 à 20.

Ecoutez cette annonce au sujet de l'hôtel Cholet à Nantes.

Complétez la grille **en français** ou cochez les bonnes cases. Vous entendrez l'annonce deux fois.

13 L'hôtel est dans quelle banlieue de la ville?
(Cochez UNE case)

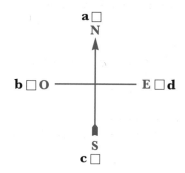

a☐ N

b☐O ——————— E☐d

S

c☐

[1]

14 L'hôtel est près de quoi? (Cochez UNE case)

a ☐    b ☐   c ☐   d ☐   [1]

L'HOTEL CHOLET

15 Nombre de chambres: _____   [1]

16 Dans chaque chambre il y a: **a** _____   [1]

  b un poste de télévision

17 Dans l'hôtel il y a: **a** un restaurant

  b _____   [1]

18 Prix des chambres: (Encerclez UN prix)

  a 200F   **b** 250F   **c** 300F   **d** 350F   [1]

19 L'hôtel est fermé au mois de: _____   [1]

20 Numéro de téléphone de l'hôtel: _ _ _ _ _ _ _ _   [1]

[8]

Epreuve finale
Epreuve d'écoute

Foundation/Higher

Don't write in the book!

Exercice 1

Vous allez entendre Sophie qui parle de sa ville.

Regardez le plan et la grille.

Maintenant, écoutez Sophie. Pour chaque question, choisissez la lettre qui montre où se trouve l'endroit, puis remplissez le détail, **en français**, dans la grille. Vous entendrez Sophie deux fois.

D'abord, écoutez un exemple.

Continuez.

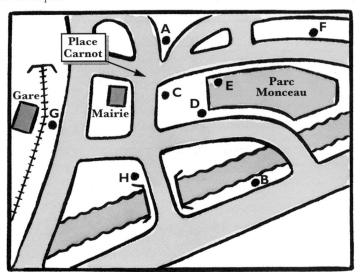

Endroit	Lettre		Détail	
Exemple:				
Le stade:	B		Jour des matchs de foot: _dimanche_	
1 Le cinéma	___	[1]	A quelle heure il s'ouvre: ____ _heures_	[1]
2 La piscine	___	[1]	Description: **a** _____	[1]
			b _formidable_	
3 La patinoire	___	[1]	Prix d'entrée: _25F_	
			15F pour qui? _____	[1]
			_____	
4 Le club de jeunes	___	[1]	Activité (exemple): _____	
				[1]
5 Le Café de la Paix	___	[1]	Heure de fermeture: _____	[1]

[10]

Exercise 2

A friend has recorded this advertisement for a holiday in France and has asked you to explain it.
Look at questions 6-9.
Now listen to the advertisement and fill in the details **in English**. You will hear it twice.
There will be two pauses during the advertisement.

Holiday in France

Area visited: _____ the Jura. _____

6 Length of holiday: _____ [1]

7 Method of transport: _____ [1]
   Departure details. Leave from: Place de la République, Paris.
                  Day: _____ Tuesday _____
                  Time: _____ 8 a.m. _____

8 Time of year that holidays start: _____ [1]
   Price: _____ 5200F _____
9 Price includes: (i) _____ all travel _____
                  (ii) _____ [1]
   For information, phone: _43.42.30.13_

[4]

Exercice 3

Vous allez entendre des gens qui parlent. De quoi parlent-ils?
Regardez la liste A à H et les questions 10 à 15.
Maintenant, écoutez et, pour chaque personne, choisissez la lettre appropriée.
Vous entendrez tout le texte deux fois.

D'abord, écoutez l'exemple.

			Lettre
Continuez.	*Exemple:*	Marc	D

A - les courses.	**10**	Christine	____	[1]
B - les vacances.				
C - le cyclisme.	**11**	Alain	____	[1]
D - la famille.				
E - l'école.	**12**	Suzanne	____	[1]
F - la météo.				
G - l'avenir.	**13**	Jean-Luc	____	[1]
H - les automobiles.				
	14	Céline	____	[1]
	15	Guy	____	[1]

[6]

Epreuve finale
Epreuve orale

Foundation

You may use a dictionary whilst preparing for this examination but may not use one during the actual examination.

Role Play 1

You are buying food for a day out with friends. You go into a grocer's.

Your teacher will play the part of the grocer and will start the conversation.

1   2   3   4   5

or

Role Play 2

You are ordering something to eat and drink at a café. Your teacher will play the part of the waiter/waitress and will start the conversation.

1   2   3   4   5

Epreuve finale
Epreuve orale

Foundation/Higher

Don't write in the book!

You may use a dictionary whilst preparing for this examination but may not use one during the actual examination.

Role Play 1

You are in France with your family. The car has broken down on the N112 near Béziers.
You telephone a garage. Your teacher will play the part of the garage owner and will start the conversation.

1 Donnez votre nom et expliquez votre problème
2 Dites où vous êtes
3 Répondez à la question
4 Expliquez votre problème (moteur? freins?)
5 Dites où vous allez attendre le mécanicien

or

Role Play 2

You feel ill whilst staying with French friends. The doctor comes to see you. Your teacher will play the part of the doctor and will start the conversation.

1
Expliquez

2
Expliquez

3
Expliquez

4
Répondez

5
Posez la
question

Epreuve finale
Epreuve de lecture

Foundation

Don't write in the book!

Exercice 1

Lisez ces renseignements sportifs.

A **Centre Nautique**
Initiation à la planche à voile
15 juin - 15 sept.

B Centre La Cavale
Enseignement de l'équitation
½ journée et le week-end

C **Centre Omnipêche**
Sorties de pêche en mer

D ***Centre de Serralongue***
Ecole de golf
15 juillet - 1 octobre

E **Centre Ecole Pleine Nature**
Randonnées pédestres toute l'année
Période hivernale ski de fond

F ***Centre de Castel Jizel***
Stages de canoëlkayak sur plan d'eau.

G **Centre Ozone 3**
Circuit touristique en vélo tout terrain

Ecrivez la lettre appropriée pour chaque sport.

Activité sportive	**Centre**
Exemple: 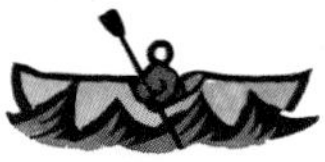	F
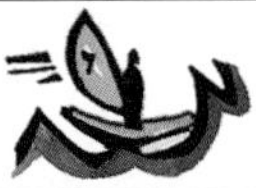	
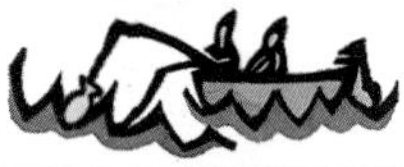	
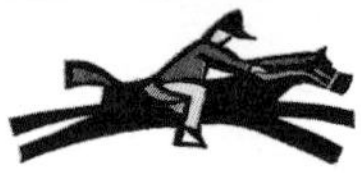	
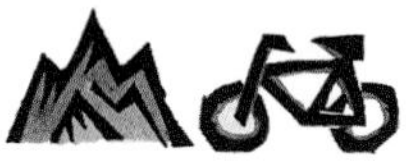	
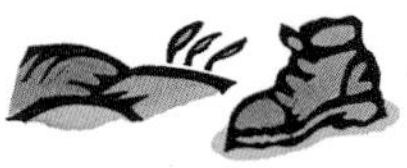	

[5]

Exercise 2

You see the following advertisement:

ART & ARTISANAT D'AFRIQUE

**EXPOSITION -
BANYULS-SUR-MER
DU 12 AOÛT AU 18 AOÛT**

de 10h à 19h

Salle de la Mairie

Entrée Gratuite   Parking

Answer the following questions **in English**.

1 In which part of the world is the craft work made? _____

2 On which dates is the exhibition open? _____

3 Where in Banyuls-sur-Mer is the exhibition? _____

4 How much does it cost to see the exhibition? _____

[4]

Exercice 3

Lisez ces renseignements touristiques.

Maisons et Appartements de vacances

Béziers
6 km de la mer, maison
Jardin avec piscine
Cuisine, séjour, 3 chambres,
salle de bains.

Narbonne
Villa de plein-pied, salon/séjour,
salle à manger, cuisine,
bureau, salle d'eau avec douche,
2 chambres. Chauffage électrique.

Montpellier
Appartement récent dans résidence
1er étage. Terrasses, cuisine,
salon, 3 chambres, chauffage gaz,
salle de bains, garage.

Agde
Appartement dans résidence
moderne. Belle cuisine, séjour/salon,
salle à manger, 2 chambres, garage.

Vias
2 km de la mer. Ancienne maison,
cuisine aménagée, 2 chambres,
salle de bains, grand jardin,
terrasse et piscine.

Notez les détails.
Cochez les cases appropriées. Regardez l'exemple (Montpellier).

								 x2	 x3			
Montpellier	✓		✓		✓	✓			✓		✓	
Béziers												
Agde												
Narbonne												
Vias												

[6]

Exercice 4

Lisez les annonces.

A

PIZZERIA LA CATALANE

CRÊPERIE - GRILL

Place Paul Reig
COLLIOURE

B

BARTISSOL Jean-Pierre
Chocolatier - Glacier - Lunch
8 rue de la Démocratie
COLLIOURE   68 82 17 17

C

Restaurant

l'Alizé

Poissons - Fruits de mer
Grillades
Menus - Carte
14, rue Docteur Coste
66190 COLLIOURE

Tél. 68 82 20 76

D

BOULANGERIE PÂTISSERIE
Gérard FOUGERET
Fabrication artisanale
9 rue St Vincent/16 rue Pasteur
COLLIOURE 68 82 08 23

E

**BAR
AMBIANCE**

Cinéma

Salle de jeux

Ouvert toute l'année
Place du 18 Juin
66190 COLLIOURE
68 82 05 76

F

Location de bateaux
à voile et à moteur
Location de vélos.

PORT-VENDRES
68 82 12 41

G

CHARCUTERIE
Michèle & André MARTI
Alimentation
2 rue Pasteur
COLLIOURE   68 82 25 68

H

Pharmacie MANYA & VITOU
7 Ave de la République
COLLIOURE
68 82 04 95

Choisissez une lettre pour chaque question.

Où allez-vous pour ...

Exemple: acheter de l'aspirine?   H

1 acheter du pain?   ___

2 acheter du jambon?   ___

3 voir un film?   ___

4 manger une glace?   ___

5 louer une bicyclette?   ___

[5]

Epreuve finale
Epreuve de lecture

Foundation/Higher

Don't write in the book!

Exercice 1

Lisez ces annonces.

A J'ai 17 ans et j'aimerais correspondre avec des filles ou des garçons. Mes passions sont le surf et la planche à voile. J'attends vos lettres avec impatience.

B J'ai 16 ans et je suis Française. J'aime la musique, sortir et rigoler. Si vous détestez l'école, comme moi, n'hésitez pas une seconde!

C J'ai 15 ans. J'aimerais correspondre avec un garçon de 16 ans. Je collectionne les cartes téléphoniques et les stylos. Je déteste le sport.

D Je suis une jeune fille de 17 ans. Je voudrais correspondre avec une Française. Je m'intéresse à la peinture. J'adore le cinéma, je fais partie d'un club cinéphile.

E J'ai 16 ans et je voudrais correspondre avec des jeunes habitant le continent américain. Je m'intéresse à toutes les cultures et aux voyages. Je veux tout voir et voyager un peu partout.

F Je suis un garçon de 15 ans et je voudrais un/e correspondant/e de mon âge. J'adore la littérature-classique et moderne. En musique j'aime Pink Floyd, Cabrel, et Bob Marley. Je joue du piano et du clavier.

G Je veux protéger la Terre. Je déteste les gens qui maltraitent les animaux et je m'intéresse à l'écologie. J'adore les animaux - je fais de l'équitation.

H J'ai 16 ans. J'adore l'informatique, les jeux-vidéo et le sport - surtout le foot et le basket. Vous avez les mêmes goûts? Alors, écrivez-moi!

Regardez les personnes 1-7.
Choisissez un(e) correspondant(e) (A-H) pour chaque personne (1-7).

	Personne	Correspondant(e)
Exemple: 1	J'adore regarder des films et faire du dessin.	<u>D</u>
2	J'ai un ordinateur, je suis sportive.	—
3	J'aime les sports nautiques .	—
4	J'ai 15 ans, je joue de la guitare et j'aime lire.	—
5	Je ne suis pas sportif! J'ai 16 ans .	—
6	Je m'intéresse à la nature et aux bêtes.	—
7	Je suis Canadien. Je veux visiter des pays étrangers.	—

[6]

Exercise 2

A friend asks you to help her understand the following article about Olivier Carreras.

Olivier Carreras
Fiche Portrait

Nom: Carreras
Prénom: Olivier
Né le: 22 décembre 1969
A: Boulogne
Situation de famille: un frère, François, de deux ans son cadet
Principales qualités: chaleureux, tolérant et optimiste
Principaux défauts: coléreux, mauvais joueur et impatient
Il aime: les soirées en famille, les balades avec son chien, le ski et la planche à voile
Il déteste: la beauté préfabriquée des top models
Etudes: licencié en droit international, il aimerait passer un diplôme de banque et finances
Débuts: il a travaillé dans une agence immobilière puis une amie l'a présenté pour le casting d'un feuilleton. «Je me suis présenté et à ma grande surprise j'ai été choisi! Je n'avais jamais pensé faire de la comédie. Je voulais être avocat!»
Situation actuelle: Olivier anime chaque jour à 20h, sur M6 **le Grand Zap** une émission de jeu.

Answer these questions in English for your friend.
1 What are you told about Olivier's brother, François?
2 Give 2 examples of Olivier's worst characteristics.
3 What kind of qualification would Olivier like to take?
4 What kind of job did Olivier want to do before he started acting?   **[4]**

Exercice 3

Lisez cette lettre.

                                                                Murviel
                                                                le 18 septembre

Salut!

J'espère que les vacances se sont bien passées. Je me suis bien amusée. Je suis allée au bord de la mer à Royan, j'ai fait un stage de photo – c'était super! Et toi?

Cette année, je passe en troisième au collège. Je vais étudier l'anglais, l'espagnol, les maths, le français, les sciences, le dessin, le sport, l'histoire-géo et la technologie. J'aime la technologie et l'informatique (C'était mon anniversaire la semaine dernière et mes parents m'ont offert un ordinateur!). J'adore l'anglais – on a un prof très amusant et on peut parler en classe – chouette! Mais, je déteste les maths – le prof nous donne trop de devoirs, c'est ennuyeux et c'est fatigant!

Mes cours commencent à 8h, je me lève à 7h et je vais au collège à pied. Le matin, j'ai 4h de classe et à midi je déjeune à la cantine. Je reprends les cours à 13h30 jusqu'à 16h30. Je ne vais pas au collège le mercredi, le samedi (l'après-midi) et le dimanche, mais j'y vais le samedi matin.

Je commence à faire des projets pour l'année prochaine. Mes parents veulent que je prépare mon Baccalauréat au lycée – ça dépend de mes résultats de cette année. Moi aussi, je pense à l'année prochaine, mais moi, je voudrais trouver du travail pour les grandes vacances – à la caisse du supermarché – comme ça, je pourrai me payer un appareil-photo!

Ecris-moi vite!

Ton amie

Magali

Questions 1 - 5

Encerclez la lettre appropriée.

Exemple: Pendant les vacances, Magali est allée...

(a)    b   c

1 Quelle matière scolaire préfère Magali?

a   b   c

2 Pour son anniversaire, Magali a reçu...

a    b    c

3 Qu'est-ce que Magali aime faire pendant les cours d'anglais?

a    b   c

4 Quelle matière est-ce qu'elle n'aime pas?

a   b   c

5 Comment est-ce que Magali va à l'école?

a   b    c

[5]

Questions 6 - 10

Répondez aux questions **en français**.

Exemple: A quelle heure commencent les cours?   A 8 heures

6 Où est-ce que Magali mange à midi?
7 A quelle heure finissent les cours?
8 Quand est-ce qu'elle est libre?
9 Qu'est-ce qu'elle va faire pendant les vacances l'année prochaine?
10 Qu'est-ce qu'elle voudrait acheter?

[5]

Epreuve finale
Epreuve écrite

Foundation

Don't write in the book!

Exercice 1

Vous êtes en France. Vous allez préparer un pique-nique.
Regardez les dessins et écrivez DIX choses pour votre pique-nique. Ecrivez **en français.**

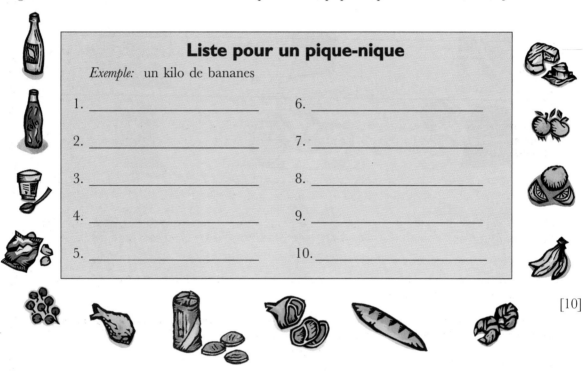

Liste pour un pique-nique

Exemple: un kilo de bananes

1. _____
2. _____
3. _____
4. _____
5. _____

6. _____
7. _____
8. _____
9. _____
10. _____

[10]

Exercice 2

Vous êtes en vacances.
Regardez le dessin.

Ecrivez une carte postale à votre correspondant(e) français(e).
Ecrivez **en français** et mentionnez:

a où vous êtes
b l'hôtel
c la ville
d le temps
e vos activités

[10]
[20]

Epreuve finale
Epreuve écrite

Foundation / Higher

Exercice 1

Vous avez reçu cette lettre de votre correspondant, Dominique.
Lisez la lettre.

Poitiers, le 4 juin

Salut!

Ça va? Moi, je vais bien et toute la famille aussi.

A l'école, ça va assez bien. J'aime bien le dessin, mais je déteste les sciences. C'est ennuyeux!! Et toi, quelles sont les matières que tu aimes et que tu n'aimes pas à l'école?

La semaine dernière nous avons acheté un chien. Il est super! Je suis allé au club des jeunes samedi. Et toi, qu'as-tu fait la semaine dernière?

J'aime bien aller au cinéma, tu sais. Hier soir j'ai vu un film formidable. C'était un film policier. Est-ce que tu aimes le cinéma, toi? Quelle sorte de films est-ce que tu préfères?

C'est mon anniversaire la semaine prochaine. Je vais avoir une soirée. Au fait, quelle est la date de ton anniversaire?

Je dois terminer ma lettre maintenant parce que j'ai des devoirs à faire - des devoirs de science. Pas rigolo!! Tu as beaucoup de devoirs, toi?

J'attends ta réponse avec impatience.

Amitiés,

Dominique

Ecrivez une lettre **en français** à Dominique. Répondez à ses questions sur:

• les matières d'école.

• la semaine dernière.

• le cinéma et les films.

• votre anniversaire.

• les devoirs.

[20]

Grammaire ◆ ♣

The present tense

jouer to play		**Other verbs which follow the same pattern**
je jou**e**	I play, I am playing	détest**er**
tu jou**es**	you play, you are playing	aim**er**
il jou**e**	he plays, he is playing	regard**er**
elle jou**e**	she plays, she is playing	écout**er**
on jou**e**	we play, we are playing	travaill**er**
nous jou**ons**	we play, we are playing	parl**er**
vous jou**ez**	you play, you are playing	habit**er**
ils jou**ent**	they play, they are playing	
elles jou**ent**	they play, they are playing	

Four useful verbs

être to be		**avoir** to have	
je suis	I am	j'ai	I have
tu es	you are	tu as	you have
il est	he is	il a	he has
elle est	she is	elle a	she has
on est	we are	on a	we have
nous sommes	we are	nous avons	we have
vous êtes	you are	vous avez	you have
ils sont	they are	ils ont	they have
elles sont	they are	elles ont	they have

aller to go		**faire** to make, to do	
je vais	I go, I am going	je fais	I do, I am doing
tu vas	you go, you are going	tu fais	you do, you are doing
il va	he goes, he is going	il fait	he does, he is doing
elle va	she goes, she is going	elle fait	she does, she is doing
on va	we go, we are going	on fait	we do, we are doing
nous allons	we go, we are going	nous faisons	we do, we are doing
vous allez	you go, you are going	vous faites	you do, you are doing
ils vont	they go, they are going	ils font	they do, they are doing
elles vont	they go, they are going	elles font	they do, they are doing

Negative sentences

- Put **ne ... pas** round the verb.
- **Ne** changes to **n'** before a, e, i, o, u and h.

Je **ne** vais **pas** au cinéma ce soir.	I'm **not** going to the cinema this evening.
Mon père **n'**aime **pas** les animaux.	My father **doesn't** like animals.

1 Ecris ta description pour ton nouveau correspondant français.

Voici des questions pour t'aider:

Tu t'appelles comment?

Tu habites où?

Tu as quel âge?

Tu es grand(e)? Petit(e)?

Qu'est-ce que tu fais le soir?

Qu'est-ce que tu fais le week-end?

Exemples:

Je m'appelle…

Le soir, je ne sors pas. Je regarde la télé.

2 ◆ Maintenant, écris la description d'un(e) ami(e).

Exemple: Il s'appelle Shane…

♣ ◆ + Invente la description du garçon de la photo.

3 ♣ Complète ces phrases.

1 Qu'est-ce que vous _____, le week-end?

2 Parfois, nous _____ chez mes grands-parents.

3 Ils _____ à Londres. Ils _____ sympas.

4 Ils _____ un chien qui _____ Tina.

5 Le samedi, mes parents _____ au cinéma.

6 Moi, je _____ la télé, et ma sœur _____ des cassettes.

The infinitive

To talk about activities you like or dislike, or to make suggestions, you use a different form of the verb, the infinitive.

This is the form you find in a dictionary or word-list, e.g. **jouer** *to play*

Do you want to…?	Tu veux…?	**visiter** un musée
Can we…?	On peut…?	**jouer** au tennis
I like…	J'aime bien…	**regarder** la télé
I prefer…	Je préfère…	**écouter** des CD
I don't like…	Je n'aime pas…	**aller** à la piscine
I hate…	Je déteste…	**faire** la vaisselle

4 Regarde les images.

◆ Tu aimes ces activités? *Exemple*: **a** Je déteste aller à la pêche.

♣ ◆ + Donne ton opinion sur trois autres activités.

a   **b**   **c**   **d**   **e**   **f**

The perfect tense

◆ ♣

- You use the perfect tense to talk about what you *did* or *have done*,
  e.g. **j'ai regardé** la télé hier (**I watched** TV yesterday)
       j'ai oublié mon livre (**I have forgotten** my book)

- Most verbs take **avoir** in the perfect tense.

j'ai	joué	I	played
tu as	regardé	you	watched
il a	visité	he	visited
elle a	écouté	she	listened
on a	mangé	we	ate
nous avons	dansé	we	danced
vous avez	travaillé	you	worked
ils ont	parlé	they	talked
elles ont	fait	they	made/did

- The verb **aller** (to go) takes **être** in the perfect tense.

 je suis allé
I went

 je suis allé**e**
I went

 on est allé
we went

Negative sentences

◆ ♣

- Put **ne ... pas** round the part of **avoir** or **être**.

  Je **n**'ai **pas** joué au foot hier.   I didn't play football yesterday.
  Je **ne** suis **pas** allé en ville.   I didn't go into town.

- Most verbs end in **-é** in the perfect tense, but some do not. Here is the system:

-er	jou**er** (to play)	jou~~er~~ ⟶ jou**é**	Il a joué au foot.
-ir	fin**ir** (to finish)	fin~~ir~~ ⟶ fin**i**	Tu as fini?
-re	perd**re** (to lose)	perd~~re~~ ⟶ perd**u**	J'ai perdu mon cahier.

- There are a number of exceptions. Here are some common ones:

j'ai **pris**	I took	j'ai **écrit**	I wrote	j'ai **mis**	I put
j'ai **bu**	I drank	j'ai **lu**	I read	j'ai **vu**	I saw

- Here are some common verbs which take the **être** in the perfect tense:

je suis **allé(e)**	I went	je suis **sorti(e)**	I went out
je suis **rentré(e)**	I went home	je suis **resté(e)**	I stayed

◆ **1** Fais des phrases complètes.

Hier soir, j'...
Je n'...
Qu'est-ce que tu...
Lundi dernier, on...
Est-ce que tu...
On n'...
Samedi, je...

...est allé a la patinoire.
...a pas joué aux cartes, hier.
...as fait hier soir?
...suis allé en ville.
...ai pas fait mes devoirs.
...ai regardé un film.
...as visité Paris?

♣ **2** **a** Combien de phrases peux-tu faire?

Hier soir, je...
Je n'...
Où est-ce que vous...
Mes parents...
Dimanche après-midi, j'...
Mes copains...
Ma copine n'...
Qu'est-ce que vous...
Samedi, je...

...suis sorti avec des amis.
...êtes allés, vendredi soir?
...ai écrit des lettres.
...a pas téléphoné.
...sont allés en ville.
...suis resté à la maison.
...ai pas visité Paris.
...sont sortis.
...ai pas fini mes devoirs.
...suis rentré à dix heures.
...ai pas lu ces magazines.
...avez fait, dimanche?

b Invente un jeu similaire pour un(e) camarade.

3 Qu'est-ce que tu as fait avec tes copains, dimanche dernier?
◆ Regarde les images.
♣ ◆ + Invente d'autres détails.
Exemple: On est allé au parc. On a joué...

4 Imagine une journée spéciale. Qu'est-ce que tu as fait?
Invente les détails.
Exemple: Je suis allé en ville avec mes copains. On a mangé une pizza au
restaurant...

The future

To talk about what you are *going* to do, use part of the verb **aller**.

je **vais**	aller	I am going	to go
tu **vas**	faire	you are going	to make/do
il **va**	jouer	he is going	to play
elle **va**	regarder	she is going	to watch
on **va**	visiter	we are going	to visit
nous **allons**	écouter	we are going	to listen
vous **allez**	manger	you are going	to eat
ils **vont**	danser	they are going	to dance
elles **vont**	travailler	they are going	to work

Negative sentences

- Put **ne ... pas** round the part of **aller**.
- **Ne** changes to **n'** before 'allons' and 'allez'.

Je **ne** vais **pas** regarder le film.   I'm **not** going to watch the film.
On **ne** va **pas** aller en ville.   We're **not** going to go into town.

1 Ecris les mots dans le bon ordre pour faire des phrases.

♦ ♣

1 jouer Tu au tennis vas demain?

2 Je mes copains sortir avec vais.

3 va On en ville aller ne pas.

4 faire Tu vélo vas du?

5 ne Je la pas écouter vais radio.

♣

6 ne pas Je vais maison rester à la.

7 château visiter un allons Nous.

8 vous Qu'est-ce que allez ce soir faire?

9 Ma va en France sœur travailler.

10 vont Mes parents courses les faire.

2 ♦ Ecris une phrase pour chaque image.

Exemple: **a** Je ne vais pas jouer au basket.

♣ ♦ + Ecris une question aussi.

Exemple: **a** Tu vas jouer au basket? Non, je ne vais pas jouer au basket.

3 Qu'est-ce que tu vas faire avec tes copains, ce week-end?

Exemple: Vendredi soir, on va sortir. On va aller en ville.

Question words

qu'est-ce que?	what?	Qu'est-ce que tu fais le week-end?
qui?	who?	Tu pars en vacances avec qui?
où?	where?	Où habites-tu?
pourquoi?	why?	Pourquoi vas-tu en ville?
quand?	when?	Rendez-vous quand?
combien?	how much?	C'est combien, ce pull?
	how many?	Tu as combien de frères?
comment?	how?	Comment vas-tu au collège?
	what?	Comment t'appelles-tu?
	what like?	Il est comment, ton père?

Questions often contain the words **est-ce que**.

Tu aimes le sport? / **Est-ce que** tu aimes le sport?

Tu vas où, cette année? / Où **est-ce que** tu vas cette année?

Don't confuse **est-ce que** with **qu'est-ce que** (= what).

---

4 Recopie et complète ces phrases.

1 Tu es allé au cinéma avec _____?

2 _____ préfères-tu la géographie?

3 Tu arrives _____? Mercredi ou jeudi?

4 Rendez-vous _____? Devant la piscine?

5 _____ tu veux faire ce soir?

6 Elle est _____, ta ville?

7 Tu as mangé _____ de biscuits?

combien
où
comment
qui
quand
pourquoi
qu'est-ce que

'A', 'the' and 'some'

- In French, words for people, places and things are either 'masculine' or 'feminine'.

masculine:		feminine:	
un vélo	**a** bike	**une** maison	**a** house
le vélo	**the** bike	**la** maison	**the** house

- For plural (= more than one), the words for 'the' and 'some' are the same for masculine and feminine.

plural:			
des vélos	**some** bikes	**des** maisons	**some** houses
les vélos	**the** bikes	**les** maisons	**the** houses

Au, à la, à l', aux

à + le = au	à + la = à la	à + l' = à l'	à + les = aux
Comment vas-tu **au** collège?	Rendez-vous **à la** gare.	Il travaille **à l'**hôtel de ville.	Réponds **aux** questions.

♣ **1** Une expression utile pour demander le chemin: **Pour aller à...?**

    Exemples: Pardon, Madame. Pour aller au centre-ville, s'il vous plaît?

                  Pardon, Monsieur. Pour aller à la banque, s'il vous plaît?

Tu es un(e) touriste dans une ville française. Ecris une phrase pour chaque image.

a le parc   **b** la piscine   **c** les magasins   **d** l'école

e le supermarché   **f** la patinoire   **g** le bureau de change

Du, de la, de l', des

- Some of the words for 'the' change when they are combined with **de**, for example in phrases like **près de** (near), **loin de** (far from) and **à côté de** (beside).

de + le = du	de + la = de la	de + l' = de l'	de + les = des
J'habite assez loin **du** collège.	Il habite à côté **de la** piscine.	Tu habites près **de l'**hôpital?	J'habite près **des** magasins.

- **du, de la, de l', des** can also mean 'some' or 'any', e.g.

    Tu voudrais **du** café ou **de la** limonade?   Would you like some coffee or lemonade?

    Tu as **des** animaux à la maison?   Do you have any animals at home?

- After **pas** (e.g. when saying what you haven't got), you use **de**, e.g.

    Il n'y a pas **de** banque dans mon village.   There's no bank in my village.

    Je n'ai pas **de** télévision dans ma chambre.   I haven't got a television in my room.

♣ **2** Ton correspondant est chez toi. Tu lui offres ces choses. Ecris des phrases.

    Exemple: **a** Tu voudrais du fromage?

a le fromage   **b** les chips   **c** le pain

d le beurre   **e** la confiture   **f** les biscuits

Adjectives

- Adjectives describe people, places and things. They change slightly, depending on what is being described. Here is the system:

Masculine singular: un T-shirt vert a green T-shirt	Feminine singular: add **-e** une robe vert**e** a green dress

Masculine plural: add **-s** des T-shirts vert**s** green T-shirts	Feminine plural: add **-es** des robes vert**es** green dresses

- You don't add an **-e** for the feminine, if the masculine already has one, e.g.

  Il est **timide**, **drôle**, **triste**, **bête**. / Elle est **timide**, **drôle**, **triste**, **bête**.

- Some exceptions are:

  handsome, beautiful: un **beau** garçon / une **belle** fille

  happy: il est **heureux** / elle est **heureuse**

  old: un **vieux** vélo / une **vieille** voiture

  new: un **nouveau** vélo / une **nouvelle** voiture

  nice: il est **gentil** / elle est **gentille**

♣ **3** Recopie la description avec les mots corrects:

J'habite une assez (grand/grande) maison, avec un (beau/belle) jardin. Ma chambre est (petit/petite). J'ai deux sœurs, qui sont (amusante/amusantes) et un peu (bête/bêtes). Normalement, mes parents sont (gentil/gentils). Nous avons un chat (noir/noire) et un lapin (gris/grise).

My, your, his, her

- There are different words for 'my', 'your', etc. depending on the words which follow:

Masculine singular:		Feminine singular:		Masc. & Fem. plural:	
mon frère	**my** brother	**ma** sœur	**my** sister	**mes** animaux	**my** pets
ton père	**your** father	**ta** mère	**your** mother	**tes** parents	**your** parents
son oncle	{ **his** uncle { **her** uncle	**sa** tante	{ **his** aunt { **her** aunt	**ses** cousins	{ **his** cousins { **her** cousins

- If a feminine word begins with a, e, i, o, u or h, use **mon, ton** or **son** instead of **ma, ta** or **sa**, e.g. **Mon** amie s'appelle Anne.

♣ **4** Recopie le dialogue avec les mots corrects.

- Tu partages _____ chambre avec _____ frère?

- Non! C'est bien, parce que _____ frère m'énerve. Le soir, il écoute des CD dans _____ chambre avec _____ copains. Je n'aime pas _____ CD. Moi, je joue sur _____ ordinateur dans _____ chambre, ou je regarde la télé avec _____ parents.

Vocabulaire

nm	masculine noun	*adj*	adjective
nf	feminine noun	*adv*	adverb
vt; vi	verb	*pl*	plural

français-anglais

A

à mon avis in my opinion
abbaye *nf* abbey
d'abord *adv* first of all
abricot *nm* apricot
d'accord OK, agreed; **être d'accord** *vi* to agree
acheter *vt* to buy
affirmation *nf* statement
affreux(euse) *adj* awful
agriculteur *nm* farmer
aider *vt* to help
j'aimerais I would like
ajouter *vt* to add
Allemagne *nf* Germany
allumer *vt* to light, to switch on
alors well
ami(e) *nm/f* friend; **petit(e) ami(e)** boy(girl)friend
amicalement regards, best wishes
amitiés best wishes
amoureux(euse) *adj* in love
s'amuser *vi* to enjoy oneself
an *nm* year
année *nf* year
annonce *nf* announcement; advertisement
appliqué *adj* applied
apporter *vt* to bring; to take
apprendre *vt* to learn
approprié(e) *adj* appropriate
après after
arbre *nm* tree
armée *nf* army
armure *nf* (suit of) armour
arrêter *vt* to stop
arroser *vt* to water
assembler *vt* to put together
assez *adv* quite
asthmatique *nm/f* person with asthma
attentivement *adv* carefully, attentively
auberge de jeunesse *nf* youth hostel
augmenter *vi* to increase
aujourd'hui today
aussi *adv* also
autre *adj* other
autrichien(ne) *adj* Austrian
avant before
avis *nm* opinion
avoine *nf* oats

B

bande dessinée *nf* cartoon strip
baratineur(euse) *nm/f* smooth talker, flirt
bavard(e) *adj* talkative, chatty
avoir besoin de to need

bibliothèque *nf* library
bien *adv* well; *adj* good
bien sûr of course
bière *nf* beer
bizarre *adj* strange
blague *nf* joke
blagueur(euse) *nm/f* joker
bof! dunno!
bois *nm* wood
bol *nm* bowl
bon courage good luck
bon(ne) *adj* good; correct
britannique *adj* British
brûler *vt* to burn
bûche *nf* log

C

ça fait that will be
ça va aller it'll be all right
cabinet *nm* surgery
cacao *nm* cocoa
caissier(ière) *nm/f* check-out assistant
camarade *nm/f* friend, pal
camping *nm* camping; campsite
cannette *nf* can
caoutchouc *nm* rubber
carte *nf* menu; map
cas *nm* case
casque *nm* crash helmet; earphones
ce (cet, cette) this
ce que what
ceinture de sécurité *nf* seat belt
cela that
célèbre *adj* famous
célibataire *adj* single
cendrier *nm* ash-tray
cent *nm* hundred
ces these
chance *nf* luck
chant *nm* singing
chapeau *nm* hat
chaque *adj* each
châtain *adj* chestnut
chercher *vt* to look for
chez moi at my house; at home
choix *nm* choice
chose *nf* thing
ci-dessous below
ci-dessus above
circulation *nf* traffic
citron *nm* lemon
client(e) *nm/f* customer
cocher *vt* to tick
combien how much; how many

commander *vt* to order
comment how
commun *adj* in common
complet(ète) *adj* full; complete
complètement *adv* completely
composer *vt* to dial (phone number); to make up
composter *vt* to date-stamp
comprendre *vt* to understand
condamner *vt* to condemn
conduire *vi* to drive
connaître *vt* to know
conseils *nmpl* advice
consommer *vt* to consume
construire *vt* to build
contenu(e) *adj* contained
contre against
corde *nf* string
corps *nm* body
correctement *adv* correctly
correspondant(e) *nm/f* penfriend
correspondre *vt* to match; to correspond
corriger *vt* to correct
côte *nf* coast
côté *nm* side
courrier *nm* mail
je crois I think
cuiller *nf* spoon
cuillère *nf* spoon; **cuillère à café** *nf* teaspoon; **cuillère à soupe** *nf* tablespoon
cuillerée *nf* spoonful

D

datte *nf* date
débat *nm* debate
déchets *nmpl* waste
découvrir *vt* to discover
décrire *vt* to describe
demain tomorrow
demi(e) half
depuis since; for
derrière behind
désert(e) *adj* deserted
désolé(e) *adj* sorry
désordre *nm* mess
dessiner *vt* to draw
à deux in pairs
devenir *vt* to become
deviner *vt* to guess
dinde *nf* turkey
dire *vt* to say; to tell
discuter de *vt* to discuss
disponible *adj* free
se disputer *vi* to argue
distinctement *adv* distinctly
dizaine *nf* ten
je dois I have to, I must
doubler *vi* to overtake
drapeau *nm* flag
dur(e) *adj* hard
durée *nm* duration, length

E

écouter *vt* to listen to
écrire *vt* to write

en effet in fact
église *nf* church
égoïste *adj* selfish
eh bien well
éleveur *nm* breeder
s'embrasser *vi* to kiss
emploi *nm* job
emploi du temps *nm* timetable
employer *vt* to use
emprunter *vt* to borrow
encore *adv* still; again; more
encore une fois one more time
endroit *nm* place
enregistrer *vt* to record
ensemble together
ensuite next, then
entendre *vt* to hear
s'entendre *vi* to get on
entre between
entrée *nf* entrance fee
entretien *nm* interview
épeler *vt* to spell
équestre *adj* equestrian
équipe *nf* team
équitation *nf* horse-riding
erreur *nf* mistake
espèce d'idiot what an idiot
état *nm* state
étoile *nf* star
exactement *adv* exactly
s'exclamer *vi* to exclaim
expliquer *vt* to explain
exposé *nm* talk, presentation
exprès *adv* on purpose
expression *nf* phrase
extrait *nm* extract

F

facteur(trice) *nm/f* postman(woman)
familial(e) *adj* family
il faut you need; you must
faux (fausse) *adj* false
féculent *nm* starchy food
félicitations *nfpl* congratulations
fermer *vt* to close
fermier(ière) *nm/f* farmer
fête *nf* celebration; holiday
fiche *nf* worksheet
fille *nf* girl
fin *nf* end
fixer *vt* arrange
fleuve *nm* river
flocon *nm* flake
fois *nf* time
formidable *adj* great
fou (folle) *adj* mad
foyer pour jeunes *nm* children's home
fraise *nf* strawberry
frimeur(euse) *nm/f* show-off
fumée *nf* smoke

G

gagner *vt* to earn; to win; to gain
garagiste *nm/f* garage owner

garçon *nm* boy; waiter
garder *vt* to keep; to look after
gazeux(euse) *adj* sparkling
geler *vi* to freeze
gens *nmpl* people
glaçon *nm* ice cube
grand(e) *adj* big
grandir *vi* to grow up
graphique *nm* graph
graphiste *nm/f* graphic designer
gratuit(e) *adj* free
grave *adj* serious
grille *nf* grid
gros(se) *adj* big
guerre *nf* war

H

habitude *nf* habit
d'habitude *adv* usually
hésiter *vi* to hesitate
heure *nf* time; hour
à l'heure on time
heures d'ouverture *nfpl* opening times
heureusement *adv* fortunately
heureux(euse) *adj* happy
hier yesterday
honnête *adj* honest
hôtellerie *nf* hotel trade
hôtesse de l'air *nf* air hostess

I

idée *nf* idea
il y a there is, there are; ago
il y a eu there has been, there have been
image *nf* picture
imbécile *nm* imbecile, idiot
immédiatement *adv* immediately
infirmier(ière) *nm/f* nurse
infirmier(ière) d'ambulance *nm/f* ambulance
  paramedic
interdit(e) *adj* forbidden
s'intéresser à *vt* to be interested in
intérieur *nm* inside, interior
invité(e) *nm/f* guest

J

jaloux(ouse) *adj* jealous
jeu *nm* game; pack
  jeu de rôle role-play
jeune *adj* young *nm/f* young person
jeunesse *nf* youth
jour *nm* day
journal *nm* newspaper; diary
journée *nf* day
jus *nm* juice

L

là there
laisser *vt* to leave
lait *nm* milk
langue *nf* language

légende *f* key
lentement *adv* slowly
leur(s) *adj* their
libérer *vt* to liberate, free
libre *adj* free
lieu *nm* place;
  avoir lieu *vi* to take place
lire *vt* to read
location *nf* rental, hire
loin *adv* far
loterie *nf* lottery
louer *vt* to rent; to hire

M

mais but
maïs *nm* maize
maison *nf* house
mal *nm* pain, ache; *adj* bad; *adv* bad; **faire**
  mal *vt,vi* to hurt
malade *adj* ill; *nm/f* sick person
malheureusement *adv* unfortunately
malheureux(euse) *adj* unhappy
Mamie Granny
la Manche the English Channel
manière *nf* manner, way
manteau de pluie *nm* raincoat
marché *nm* market
marcher *vi* to walk; *(machine)* to work
match nul a draw
mec *nm (slang)* boy, guy
mécanicien(ne) *nm/f* mechanic
meilleur(e) *adj* better; best
mélanger *vt* to mix
membre *nm/f* member
même *adj* same; *adv* even
météo *nf* weather forecast
métro *nm* underground rail system
mettre *vt* to put
mi-temps part-time
mieux better
millier *nm* thousand
mince *adj* thin
mixer *vt* to blend
moins less
mois *nm* month
moitié *adj* half
monnaie *nf* change; currency
montre *nm* watch
montrer *vt* to show
morceau *nm* piece
mort *nf* death
mot *nm* word
motivé(e) *adj* motivated
mourir *vi* to die
moyen *nm* means, way
moyen(ne) *adj* medium
multiplier *vt* to multiply

N

né(e) born
nécessaire adj necessary
neuf(euve) adj new
noir *adj* black

noire *nf* crotchet
nom *nm* name
normalement *adv* normally, usually
Norvège *nf* Norway
nourriture *nf* food
nouveau(elle) *adj* new

O

objet *nm* object
œuf *nm* egg
os *nm* bone
ou or
où where
oublier *vt* to forget
ouvrir *vt* to open

P

panneau *nm* sign
parce que because
pardonner *vt* to forgive
parfait(e) *adj* perfect
parler *vi* to talk
parole *nf* word
partie *nf* part
passe-temps *nm* hobby
passer *vt* to spend (time)
se passer *vi* to happen
passionnant(e) *adj* exciting
pays *nm* country
peau *nf* skin
pendant during; for
penser *vi vt* to think
perdre *vt* to lose
perfectionner *vt* to perfect
petit(e) *adj* small
petit mot *nm* note
petit(e) ami(e) *nm/f* boyfriend (girlfriend)
peu *adv* little *nm* a little
avoir peur de to be afraid
pharmacien(ne) *nm/f* chemist
phrase *nf* sentence; phrase
phrase-clé key phrase
pièce *nf* room
pieux(euse) *adj* pious
piste *nf* track
pitié *nf* pity
planning *nm* plan, schedule
plein(e) *adj* full
plein de lots of
pleurer *vi* to cry
plus more
plusieurs several
poids lourd *nm* HGV
point de vue point of view
poli(e) *adj* polite
pollué *adj* polluted
pont *nm* bridge
porter *vt* to wear; to carry
poser *vt* to put; **poser une question** to ask a question
pot catalytique *nm* catalytic converter
poudre *nm* powder
pour for

pour cent *adv* percent
pousser *vt* to push
préféré(e) *adj* favourite
prénom *nm* first name
prépare-toi get ready
prix *nm* price
produit *nm* product
projet *nm* plan
prononcer *vt* to pronounce; to say
proposer *vt* to suggest
propre *adj* (before noun) own; (after noun) clean
provisions *nmpl* shopping, groceries
publicité *nf* advertising; advert

Q

qu'est-ce que? what?
quand? when?
que what; which, whom
quel(le) what; which
quelqu'un someone
quelques some
qui who; which
quitter *vt* to leave
quoi? what?

R

raison *nf* reason; **avoir raison** to be right
raisonnable *adj* reasonable, sensible
ralentir *vi* to slow down
râleur(euse) *nm/f* moaner, grouser
rappeler *vt* to call back
se rappeler *vi* to remember; **rappelle-toi** remember
rarement *adv* rarely
rater *vt* to miss
récompense *nf* reward
recopier *vt* to copy out
réduit(e) *adj* reduced
regarder *vt* to look at
relaxant(e) *adj* relaxing
relire *vt* to re-read
remercier *vt* to thank
remplir *vt* to fill in
rendez-vous meeting; appointment; let's meet
renseignements *nmpl* information
rentrer *vi* to go (come) back home
renverser *vt* to knock over
repas *nm* meal
répéter *vt* to repeat; to practise
répondre *vt* to answer
réponse *nf* answer
reportage *nm* report
reposer *vt* to put back
se reposer *vi* to rest
rester *vi* to stay
résultat *nm* result
en retard late
ridicule *adj* ridiculous
roi *nm* king
rond *nm* circle, ring
ronde *nf* semibreve
Royaume-Uni *nm* United Kingdom

S

sale *adj* dirty
saluer *vt* to greet
salut hi; bye
sans without
santé *nf* health
sauver *vt* to save
séance *nf* showing (of a film)
séjour *nm* stay
selon according to
semaine *nf* week
sens *nm* meaning
servir à *vi* to be used for
seulement *adv* only
si if
ski nautique *nm* water-skiing
soigner *vt* to look after
soir *nm* evening
soirée *nf* party
solitaire *adj* lonely, solitary; *nm/f* a loner
sondage *nm* survey
sortie *nf* exit; **sortie de secours** *nf* emergency exit
souligner *vt* to underline
souvent *adv* often
spectacle *nm* show
station de vacances *nf* holiday resort
sucre *nm* sugar
suédois(e) *adj* Swedish
Suisse *nf* Switzerland
surtout *adv* especially

T

tâche ménagère *nf* household chore
tard *adv* late
tasse *nf* cup
technicien(ne) *nm/f* technician
temporaire *adj* temporary
temps *nm* time
thé *nm* tea
tiens! look!
tirer *vt* to pull
tôt *adv* early
totaliser *vt* to add up
toujours *adv* still; always
tourner *vt* to stir
tournesol *nm* sunflower
tous (toutes) *adj* all
tout le monde everyone
tout(e) all; every; everything
tranche *nf* slice
travailler *vi* to work
très *adv* very
trop *adv* too much; *adj, adv* too; too many
trouver *vt* to find
typique *adj* typical

U

urgences *nfpl* emergency services
utile *adj* useful
utiliser *vt* to use

V

varié(e) *adj* varied
vas-y go on
vélo tout terrain *nm* mountain bike
venir *vi* to come
vérifier *vt* to check
vêtements *nmpl* clothes; **vêtements de marque** designer clothes
je veux dire I mean
viens come
vif(vive) *adj* lively
voir *vt* to see
se voir *vi* to see each other
voix *nf* voice
vrai(e) *adj* true
vraiment *adv* really

Y

yaourt *nm* yoghurt

Z

zut! blast!

anglais-français

A

adult *n* adulte *m/f*
also *adv* aussi
and et
athletics *n* athlétisme *m*

B

bacon *n* bacon *m*
beard *n* barbe *f*
because parce que
Belgian *adj* belge
Belgium *n* Belgique *f*
big *adj* grand(e)
bike *n* vélo *m*
book *n* livre *m*
boring *adj* ennuyeux(euse), casse-pieds
boy *n* garçon *m*
British *adj* britannique
brother *n* frère *m*
budgie *n* perruche *f*
but mais
bye salut

C

can I...? je peux...?
car *n* voiture *m*
cassette *n* cassette *f*
cassette recorder *n* magnétophone à cassettes *m*
cellar *n* cave *f*
cello *n* violoncelle *m*
chest of drawers *n* commode *f*
child *n* enfant *m/f*
choir *n* chorale *f*
close *vt, vi* fermer
clothes *npl* vêtements *mpl*
collect *vt* collectionner
computer *n* ordinateur *m*
cricket *n* cricket *m*
cupboard *n* placard *m*
customer *n* client(e) *m/f*

D

dancing *n* danse *f*
day *n* jour *m*
dear *adj* cher (chère)
desk *n* pupitre *m*
do *vt,vi* faire (je fais)
doll *n* poupée *nf*
door *n* porte *f*
drama club *n* club théâtre *m*
dressing table *n* coiffeuse *f*
drums *n* batterie *f*

E

easy *adj* facile

England

England *n* Angleterre *f*
English *adj* anglais(e)
evening *n* soir *m*
everyone tout le monde
exam *n* examen *m*
excuse me pardon
exercise book *n* cahier *m*
expensive *adj* cher (chère)

F

father *n* père *m*
for pour
forest *n* forêt *f*
France *n* France *f*
French *adj* français(e)
friend *n* ami(e) *m/f;* copain(copine) *m/f*

G

gerbil *n* gerbille *f*
girl *n* fille *f*
go *vi* aller (je vais)
golf *n* golf *m*
good evening bonsoir
good morning bonjour
goodbye au revoir
goodnight bonne nuit
great *adj* génial, super, chouette
Great Britain *n* Grande-Bretagne *f*
guinea pig *n* cochon d'Inde *m*
gymnastics *n* gymnastique *f*

H

half-brother *n* demi-frère *m*
half-sister *n* demi-sœur *f*
hamster *n* hamster *m*
hard *adj* dur(e); difficile
headphones *n* casque *m*
hello bonjour
hi salut
hill *n* colline *f*
how comment

I

if si

J

jewellery *n* bijoux *mpl*

K

key *n* clé *f;* clef *f*

L

lake *n* lac *m*
light *n* lumière *f*
like *vt* aimer (j'aime)
loch *n* lac *m*

M

make *vt* faire (je fais)
make-up *n* maquillage *m*
man *n* homme *m*
meal *n* repas *m*
at the moment en ce moment
mosque *n* mosquée *f*
mother *n* mère *f*
mountain *n* montagne *f*
mountain bike *n* vélo tout terrain (VTT) *m*
moustache *n* moustache *f*
neighbour *n* voisin(e) *m/f*
night *n* nuit *f*
normally normalement
Northern Ireland *n* Irlande du Nord *f*
Northern Irish *adj* irlandais(e) du Nord

O

of de
often souvent
open *vt, vi* ouvrir
or ou
orchestra *n* orchestre *m*

P

party *n* soirée *f*
pen *n* stylo *m*
pencil *n* crayon *m*
pencil sharpener *n* taille-crayon *m*
play *n* pièce *f*
play *vt,vi* jouer (je joue)
plug in *vt* brancher
pound *n* livre (sterling) *m*
prefer *vt* préférer (je préfère)
protestant *adj* protestant(e)

Q

quite assez

R

really vraiment
roller skate *n* patin à roulettes *m*; **to go roller-skating** faire du patin à roulettes
rubber *n* gomme *f*
rugby *n* rugby *m*
ruler *n* règle *f*

S

sausage *n* saucisse *f*
Scotland *n* Ecosse *f*
Scottish *adj* écossais(e)
shelf *n* étagère *f*
show *n* spectacle *m*

sing *vt, vi* chanter (je chante)
sister *n* sœur *f*
small *adj* petit(e)
sometimes parfois
sorry *adj* désolé(e)
spare room *n* chambre d'amis *f*
square *n* place *f*
squash *n* squash *m*
start *vt, vi* commencer
stepbrother *n* demi-frère *m*
stepfather *n* beau-père *m*
stepmother *n* belle-mère *f*
stepsister *n* demi-sœur *f*
sterling *n* sterling *m*
study *n* bureau *m*
sunbathe *vi* se bronzer
switch off *vt* éteindre
switch on *vt* allumer
synagogue *n* synagogue *f*

T

theatre *n* théâtre *m*
tidy *vt* ranger
to start *vt, vi* commencer
toast *n* pain grillé *m*
today aujourd'hui
tomorrow demain
too trop
town *n* ville *f*
tropical fish *n* poissons tropicaux *mpl*
turn *n* tour *m*; **it's your turn** c'est ton tour, c'est à toi

U

understand *vt, vi* comprendre (je comprends)
unemployed *adj* au chômage
United Kingdom *n* Royaume-Uni *m*
usually d'habitude

V

very très
violin *n* violon *m*

W

Wales *n* pays de Galles *m*
week *n* semaine *f*
weight training *n* musculation *f*
Welsh *adj* gallois(e)
when quand
where où
why? pourquoi?
window *n* fenêtre *f*
with avec
woman *n* femme *f*
wood *n* bois *m*
work *vi* travailler; marcher
worksheet *n* fiche *f*

Y

year *n* an *m*; année *f*
yesterday hier
youth club *n* club des jeunes *m*